사할린 잔류자들

사 할 린

현무암
파이차제 스베틀라나 지음

잔류자들

국가가 잊은 존재들의 삶의 기록

들

고토 하루키 사진
서재길 옮김

책과함께

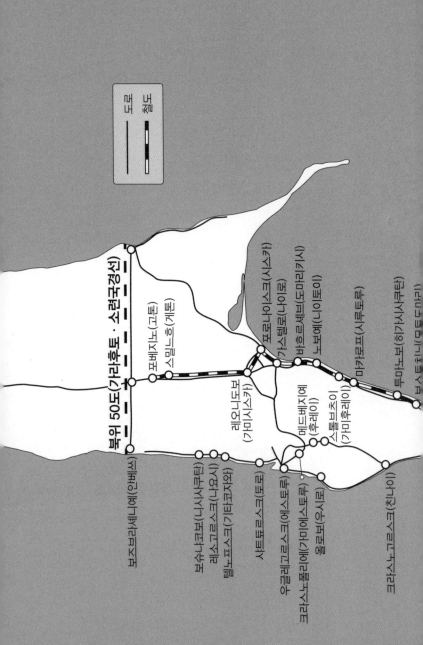

북위 50도(가라후토ㆍ소련국경선)

도로
철도

포베지노(고톤)
스밀노흐(게톤)

레오니드보
(가미시스카)

메드베지예
(후레이)

스롤브즛이
(가미후레이)

보즈브라세니예(안베쓰)

보수네크보(나시사쿠탄)
레스고르스크(나요시)
텔노프스크(기타코자와)

샤트료르스크(도로)

우글레고르스크(에스토루)
크라스노폴리에(가미에스토루)
올로보(우시로)

크라스노고르스크(진나이)

포로나이스크(시스카)
가스텔로(나이로)
바흐르세보(도마리카시)
노보예(나이토이)

마카로프(시루토루)

투마노보(하가시사쿠탄)
부스토치니(모도마리)

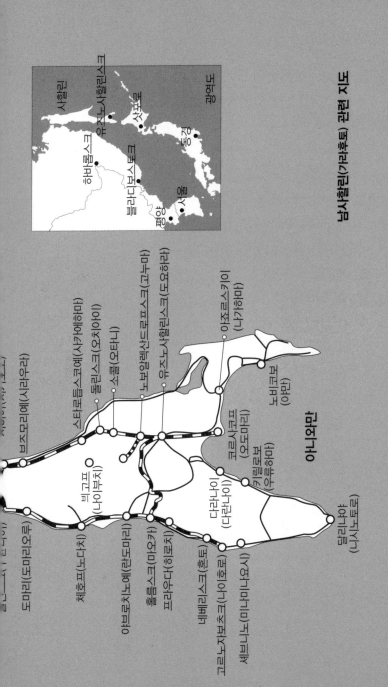

남사할린(가라후토) 관련 지도

사할린

하바롭스크

블라디보스토크

유즈노사할린스크

시루루

광역도

시코탄

독도

시스쿠

율릉

사운

평양

소움

아니와만

스타로둡스코예(시카에하마)

돌린스크(오치아이)

소콜(오타니)

노보알렉산드롭스크(고누마)

유즈노사할린스크(도요하라)

이즈르스카야(나가하마)

브즈모리예(시라우라)

도마리(도마리오루)

체호프(노다치)

아브로츠나에(란도마리)

홀름스크(마오카)

프라우다(히로돗치)

네베리스크(혼토)

고르노자붓츠크(나이후로)

세브니노노(미나미나요시)

크요누카(아마미마나스이)

빅고프
(나이부치)

다라나이
(다란나이)

코르사코프
(오도마리)

기릴로보
(우류하마)

노비코보
(아만)

딜리나야
(나가사시)

일러두기

- 이 책은《サハリン残留__日韓ロ 百年にわたる家族の物語》(玄武岩 · パイチャゼ スヴェトラナ著, 後藤悠樹写真, 高文研, 2016)를 완역한 것이다.
- 우리나라 호칭은 1945년 해방 전까지는 '조선'으로 이후는 '한국'으로 대체로 통일하여 표기했다. 그러나 인물의 말을 직접 인용한 경우, 발화자의 인식을 제대로 옮기기 위해 시대 구분 없이 '조선'과 '한국' 모두 사용했다.
- 옮긴이가 한국어판을 읽는 독자의 이해를 돕고자 덧붙인 해설은 괄호로 처리하고 '옮긴이'를 표기했다. 그 외 모든 텍스트는 지은이가 쓴 것이다.

이 책은 사할린에 잔류한 '일본인' 가족 이야기다. 사할린
(남부) 지역은 한때 일본이 영유하던 시기에는 '가라후토樺太'
라고 불리다가 일본이 패전한 후 소련 영토에 편입되는 등
제국주의가 각축하던 곳이었다.

여기에서 '잔류'라는 말은 이곳에 살았던 이들이 일본제국
의 지배 민족이기는 했지만 사회경제적으로 저변에 위치했
던 까닭에 사할린/가라후토라는 변방으로 내팽개쳐져 전후
에도 일본으로 돌아가지 못한 전쟁 피해자들이라는 의미다.
또한 '일본인'이라는 말에 따옴표를 붙인 것은 전전과 전후,
지배와 피지배, 혹은 주류(majority)냐 비주류(minority)냐와
무관하게 사할린/가라후토에서 일본인은 다민족적인 인간관
계가 교차하는 역사적 공간을 구축해왔기 때문이다.

여성이 대부분인 사할린 잔류 '일본인'은 계급적 모순이 민족적 모순을 넘어서는 전전의 식민지적 상황과 전후의 주변 정세에 따라 다층으로 겹쳐진 지배 관계 속에 놓여 있었다. 다민족적 관계란 대체로 조선 민족과 이룬 가족 구성을 의미한다. 그렇지만 일본이 떼내어버린 조선 민족과 맺은 관계였으므로 전후에는 일본으로 돌아가지 못하고 잔류를 강요당했고 결국에는 잊혀졌다. 이러한 의미에서 '잔류'란 어느 작가의 말마따나 '내버려두고 떠남'이기도 하다.

이 책을 쓴 것은 국가에 의해 희생당한 사람들의 고난을 호소한다거나 이에 대한 망각을 책망하고자 함이 아니다. 이 책에 아로새겨져 있는, 사할린에서 살아가는/살았던 사람들은 모두 해맑은 얼굴을 하고 있다. 사진작가 고토 하루키는 쇠락한 마을에서도, 얼어붙은 겨울에도 역사의 무게에 짓눌리지 않고 억척스럽게 살아가는 사람들을 카메라에 담아왔다. 이 맨얼굴의 주인공들은 조선·한국, 일본, 러시아, 아이누가 혼재하는 다민족·다문화적 존재다.

글을 쓴 현무암과 파이차제 스베틀라나는 고토 하루키를 통해서 사할린에 살고 있는 사람들에게 이끌렸을 뿐만 아니라 그들의 생명력에도 매혹되었다. 사회의 무지와 편견, 차별에 노출됨으로써 사할린 귀국자가 자신의 이질성을 깨닫게 되는 경우도 있었을 터이다. 그렇지만 오히려 이들이 개척한 트랜스내셔널한 생활 실천의 가능성과 창조성을 저울질해보는 것은 사할린 잔류 '일본인'을 비운悲運의 존재로서 역사화해서는 안 된다고 생각하기 때문이다.

사할린 잔류 '일본인' 여성이라는 '국경 가까운 곳에서 삶을 영위해온 여성의 역사'를 통해서는 한일 "두 민족의 한계를 돌파하는 기능을 수행하는 매개자 사상"(모리사키 가즈에森崎和江)을 건져낼 수 있을 것이다. 그리고 한국계 러시아인으로 태어나 일본인 선조에 의해 이끌려 '귀국'한 젊은 세대가 이어받게 될 다중적 아이덴티티가 귀착할 곳은 아직 미확정이겠지만 어떤 경우든 동아시아 공동체의 미래상을 비춰줄 것임이 틀림없다.

이 책은 열 가족의 이야기를 담고 있다. 이들 가족의 모습 중 마음이 가는 대로 읽기 시작해도 무방할 테지만, 책 전체는 주제별로 3부로 구성되었다. 1부 〈가족과 살다〉에서는 1990년대 이후 영주 귀국을 통해 자식 및 손주 세대를 동반하거나 초청하여 일본에 정착한 사람들을 그린다. 2부 〈국경을 넘다〉는 부부만 영주 귀국했지만 사할린이나 한국에 있는 가족과 왕래함으로써 트랜스내셔널한 생활 공간을 실천하는 사람들의 이야기다. 3부 〈사할린에서 살다〉는 일본이나 한국으로 영주 귀국하지 않고 사할린에서의 생활을 선택한 사람들 이야기다.

한편 이들 가족의 이야기를 이해하기 위해서는 사할린 잔류 '일본인'이 처했던 역사적 배경을 먼저 알아야 한다고 판단해 책의 뒷부분에 사할린/가라후토의 역사적 위치를 보여주는 '해설'을 덧붙였다. 사할린에서 벌어졌던 일본 통치 시대의 시정施政이나 조선인의 이입, 패전 직전의 혼란과 귀환, 전후 조선인 사회로의 편입과 영주 귀국 등의 역사와 현재를 사할린 잔류 '일본인'을 중심으로 되돌아보았다.

책을 읽다 보면 곧 눈치를 채겠지만, 조선·한국, 일본, 러시아의 틈새에서 살아가는 사람들은 이름을 여러 개 갖고 있다. 그것은 자신의 뜻이나 애착과는 무관하게 여권상으로 존재하는 조선식 이름이거나, 러시아식 통칭이거나, 일본으로 영주 귀국할 때 새로 만들어진 이름이다. 자식 세대로 내려갈수록 가정 내에서의 언어는 러시아어가 중심이 되고 러시아식 본명이 일반화되고 있으므로, 이 책에서는 특히 젊은 세대의 경우에는 러시아식 이름을 주로 사용했다.

사할린 잔류 조선인 대부분은 조선반도 남부 곧 지금의 한국 출신인데다가 다수가 영주 귀국한 까닭에, 러시아어로 '코리아'를 의미하는 '카레이츠'나 '카레얀카'는 '조선인'보다는

'한국인'을 의미하는 경우가 많다. 그렇지만 이 책에서는 민족명을 말할 때는 '조선'을 사용하기로 한다.

이 책은 현무암·파이차제 스베틀라나의 글과 고토 하루키의 사진으로 구성되어 있다. 그밖의 사진으로는 홋카이도에 있는 귀국자들을 현무암이 촬영한 것, 사할린 귀국자가 제공한 것, 그리고 자료사진이 포함되어 있다. 이들 사진의 경우에는 촬영자나 제공자를 표시했지만, 그 외에는 모두 고토 하루키의 작품이다.

'잔류'라는 운명을 공유한 일본인과 조선인이 살던 사할린은 식민지 지배와 전쟁에 의해 왜곡되고 일그러진 공존의 세계였지만, 이들의 삶을 들여다보면 이곳에서 한국과 일본이 대립하고 있는 역사 문제와는 다른 전후의 생활 세계가 보이기 시작할 것이다.

현무암

차례

3부 사할린에서 살다

1부

가족과 살다

1장

일본, 한국, 러시아
세 나라로 확대된 생활 공간

다케나카 집안 사람들

북동아시아 축제에서

2014년 6월에 삿포로에서 열린 북동아시아 축제. 이 축제는 일본, 중국, 러시아, 한국(남한), 북한, 몽골이 문화적 배경인 사람들이 모이는 교류의 장이다. 홋카이도 조선 초중고등학교와 토요 교실 러시아학교의 학생들도 각자 민족의상을 걸치고 노래와 춤을 뽐낸다.

러시아학교의 댄스팀은 평소 연습한 만큼 실력을 발휘할 수 있어서 만족하는 모습이다. 그중 한 명인 다케나카 올리아도 성취감으로 뿌듯한 표정이다. 료샤도 함께 있다. 이 두 사람 옆에 치마 저고리 차림의 조선학교 학생들이 서 있다.

"조선의 전통 의상이 잘 어울리네요"라는 말을 듣자 올리아는 웃으면서 대답한다. "그렇죠? 제가 봐도 그래요. 저도 카레얀카(조선인)니까요!" 옆에 있던 육촌 동생 료샤도 "나도 카레이츠(조선인)야!"라며 박자를 맞춘다. "나도!", "나도!"라며 아이들은 일본어와 러시아어로 소리를 지른다.

러시아학교란 2001년에 만들어진 토요 교실을 의미한다. 부모에게 러시아어를 배운 아이들이 매주 한 차례 이곳에 모인다. 유치원생에서 고등학생에 이르기까지 다양한 과목을 러시아어로 가르치고 있다. 사할린에서 일본으로 온 귀국자의 자식과 손자들 대다수가 여기에서 배우고 있다.

아이들은 뿌리도 다양하고 이름도 각양각색이다. 러시아식은 물론이고 일본식, 한국식 이름도 있다. 다케나카竹中 집안의 올리아와 료샤 역시 일본 학교에서는 미키美紀, 야스시擧士라는 이름으로 통한다. 다케나카 미키와 다케나카 야스시가 '일본인'으로서의 정식 이름이다. 그러나 여기 러시아 학교에서는 김 올리아와 김 료샤라는 한국식 성과 러시아식 이름으로 되돌아간다. 왜 사할린 귀국자의 아이들은 이름을 여럿 가지고 있는 것일까.

다케나카라는 성의 유래

올리아는 2004년 할아버지 건웅이 영주 귀국함에 따라 가

다케나카 집안의 올리야(왼쪽에서 첫 번째)와 료샤(왼쪽에서 네 번째). 북동아시아 축제 댄스 경연 본선 연습 중에

족과 더불어 일본에 왔다. 이듬해 건웅의 형 소웅도 가족을 데리고 영주 귀국했다. 료샤는 소웅의 손자다. 소웅과 건웅 형제는 사할린에서는 '김'이라는 성을 사용했지만, 일본에 영주 귀국하면서 '다케나카'라는 성을 썼다.

소웅과 건웅은 조선인 아버지 김수진과 일본인 어머니 다카하시 도요코高橋豊子 사이에서 태어났다. 두 형제는 어머니가 일본인이라서 일본에 영주 귀국하게 된 것이다. 그렇지만 '다케나카'라는 성은 지금 자신들을 일본으로 오게 한 어머니의 성은 아니다. '다케나카'는 아버지 김수진이 전전에 일본에서 사용하던 성이다. 일본식 성은 전후 사할린의 조선인 커뮤니티에서는 필요 없어서 잊혀졌다. 그것이 1990년대에 들어 일본에 일시 귀국하게 된 것을 계기로 되살아난 것이다.

아버지 김수진은 일본의 식민지 시기에 돈을 벌기 위해 조선반도에서 홋카이도北海道의 아사히카와旭川로 왔다. 그의 나이 열네 살 때의 일이었다. 다른 조선인들과 마찬가지로 일본 이름을 짓게 되어, 다케나카 히데오竹中秀男라는 이름을 가졌다. 나중에 아내가 되는 다카하시 도요코와 만난 것도 아사히카와에서였다. 그런데 도요코가 가족과 더불어 가라후토로 이사를 가게 되자, 히데오는 도요코를 따라가기 위해 노동자 모집에 지원하여 가라후토로 건너갔다.

두 사람은 그곳에서 결혼해 가미후레이(上布札, 스톨브츠이)라는 조그마한 마을에서 살게 되었다. 다케나카 부부는 일곱 명의 아이를 두었다. 일본으로 되돌아갈 생각이었는지 패전을 맞이한 뒤에도 집안에서는 한국어를 사용하지 않았고 장남인 소응은 일본 학교에 입학시켰다.

그러나 조선인은 패전 후의 소련지구미소송환협정에 따라

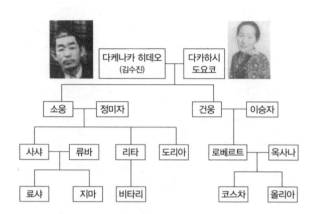

다케나카 집안의 인물 관계도

1946~1949년까지 진행된 전기집단귀환(277쪽 참조)에서 일
본으로 가는 귀환선을 탈 수 없었다. 도요코의 여동생은 이
시기에 귀환되었지만, 도요코는 가족과 함께 사할린에 남아
야 했다. 1949년 일본인 귀환이 마무리되자 학교도 폐쇄되었
다. 잊혀야만 하는 성 '다케나카' 대신 '김'이라는 성으로 전
후 사할린에서 살아가게 된 것이다.

소웅과 건웅이 2004~2005년에 일본으로 영주 귀국하면
서 취적(호적의 회복과 국적 취득) 수속을 할 때, 원래대로라면
'일본 국적'의 근거가 된 어머니의 성 '다카하시'를 따라야 했
다. 그러나 두 사람은 '다케나카'라는 성을 쓰기로 했다. 여태
껏 일본에 일시 귀국할 때도 '다케나카'라는 성을 썼고, 이를

소웅(왼쪽)과 건웅

증거 서류로 하여 법원에 성씨 변경을 요청하여 '다케나카'라는 성으로 취적하는 것이 인정되었던 것이다. 소웅과 건웅 형제가 따랐던 것은 '일본의 성'이라기보다는 '아버지의 성'이었던 셈이다.

일본의 식민지 지배하에서 "김金에서 다케나카로" 변경되

전전 에스토루 마을 시가
《(가라후토 사진첩), 가라후토
청 편, 1936》

었던 성은 대일본제국 붕괴와 더불어 이번에는 "다케나카에
서 킴Kim"으로 바뀌었고, 일본에 영주 귀국하면서 다시 "킴
에서 다케나카"로 바뀐 것이다. 곧 다케나카 집안에서는 두
세대에 걸쳐 두 개의 성을 이어쓰게 되었다.

한국어를 못하면서도 조선학교에 다니다

김소웅 혹은 다케나카 아키오竹中昭雄는 1942년 우글레고
르스크 지방 후레이(布札, 메드베지예)에서 태어났다. 이후 63
년 동안 그의 인생은 이 지역과 관계를 맺었다. 주변에서 석
탄이 채굴되고 있어서 '석탄 산'이라 불린 우글레고르스크.
사할린의 서해안에 접한 이 항구도시는 일본이 통치하던 시
기에는 '에스토루惠須取'라 불렸다. 이 석탄을 펄프 가공의 원
료로 사용하기 위해 제지 회사인 오지제지王子製紙는 이곳에
공장을 건설했다. 사할린의 다른 주요 도시들이 그러했듯 제

오지제지 에스토루 공장이 있던 자리

지 공장과 석탄은 떼려야 뗄 수 없는 관계였다.

　제지업과 탄광업이 활황이어서 우글레고르스크에는 많은 조선인 노동자들이 일했다. 김수진 역시 벌목으로 생계를 유지했다. 어린 나이에 일본으로 건너온 데다 일본인 여성과 결혼했기 때문에 가정에서는 한국어를 한마디도 사용하지 않았다. 아이들은 어린 시절 아버지에게 "조선어를 가르쳐달라"고 졸랐지만 "조선어는 필요 없어"라는 대답을 들을 뿐이었다. 이 시기 조선인 가정에서는 일본어를 사용하는 것이 드물지 않았다. 그러나 일본 통치 시대가 끝난 뒤에도 다케나카 집안에서는 조선어를 거의 사용하지 않았다.

소웅이 소학교에 들어갈 당시는 일본인의 집단귀환이 끝날 무렵이었다. 1949년에 일본학교에 입학했지만 겨우 반 년만에 폐교되는 바람에 소웅은 조선학교로 옮기게 되었다. 패전 후 얼마 되지 않아 각지에 조선학교가 설립되어 많은 조선인 아이들이 다녔다.

한국어를 전혀 할 수 없는 소웅에게 조선학교에서 공부한다는 것은 괴로운 일이었다. 일본어를 사용하면 선생님께 크게 혼났다.

일본이 패전한 후 조선학교에서는 중앙아시아에서 온 고려인(281쪽 참조)이 교사로 근무했다. 학생들을 가르칠 교사가 워낙 부족하기도 했지만, 고려인 교사는 사할린 조선인이 빨리 사회주의 국가 소련의 일원이 되도록 지도하는 사명을 담당했던 것이다. 이들의 입장에서 보면 사할린의 조선인은 일본 제국주의 시대의 노예 근성에서 왜 빨리 벗어나지 못하는지 이해하기 어려웠다(가타야마 미치오, 《추적! 어느 사할린 잔류 조선인의 생애》).

어느 날 일본어를 썼다는 이유로 소웅은 선생님께 꾸중

을 들으며 수업 때 사용하는 지휘봉에 머리를 맞았다. 이날 이후 소웅은 학교에 가지 않았다. 왜 학교에 가지 않느냐고 캐묻는 아버지에게 학교에서 있었던 일을 말하자 아버지는 "알았어, 가지 않아도 좋아. 가지 마!"라며 화를 냈다. 이튿날 소웅과 함께 학교에 들이닥친 아버지는 선생에게 더 이상 아이를 학교에 보내지 않겠다고 선언했다. 소웅은 조선학교를 그만두고 4년간 러시아학교(소련의 일반 학교)에 다녔다. 러시아어로 공부하는 것도 쉬운 일은 아니었지만 한 선생님의 도움으로 어느 정도 할 수 있었다. 지금도 그 선생님의 이름을 기억한다. 스탈린그라드에서 온 니나 블라디미로브나 선생님. 그녀는 학생들의 집을 돌아다니면서 개별적으로 러시아어를 가르쳤다.

소웅은 니나 선생님이 없었더라면 러시아어를 배우는 데 시간이 훨씬 더 걸렸을 거라며 지금까지 그녀에게 감사한 마음을 잊지 않는다. 소웅은 5학년까지 학교에 다녔지만, 학교가 먼데다 집안 형편도 어려워서 열네 살부터 아버지와 함께 삼림 관련 일을 하게 되었다.

러시아학교에 다니기는 했지만 사할린의 조선인 사회 안에서 성장한 덕에 소웅은 자신이 사할린 조선인이라는 점을 강하게 의식하고 있었다.

소웅은 열일곱 살에 우글레고르스크 산림관리소의 정직원

일본의 옛 노래를 부르는 소웅

이 되었고, 1957년에서 1961년까지 4년간 일했다. 그 뒤에는 우글레고르스크 지방의 크라스노폴리에(上惠須取, 가미에스토루)로 이사를 갔다. 그곳에서는 1년간 임업원(산림관)으로 근무하고 그 뒤에는 대장간에서 일했다.

소비에트 연방 시절에는 징병제가 실시되었기 때문에 소웅은 1963년부터 3년간 하바롭스크에서 병역에 복무하고 1966년에 사할린으로 돌아왔다. 제대 후에는 우글레고르스크에 있는 숙모 집에서 생활하며 제지 공장에서 일했다. 공장에서 사용하는 통나무를 실어 보내는 일이었다. 이모는 1930년대에 조선에서 오빠를 찾아 사할린으로 건너왔다.

사실 소웅이 3년간 병역 복무를 하는 동안 우글레고르스크에서 그가 돌아오기를 기다린 사람이 있었다. 그녀의 이름은 정미자였다. 정미자의 아버지는 전시기(戰時期, 1937~1945년 중일전쟁에서 태평양 전쟁 시기까지를 지칭-옮긴이)에 조선 충청도에서 사할린으로 강제동원된 조선인이었고, 어머니는 홋카이도 출신 일본인이었다. 부모님은 1946년에 결혼했다. 미자는 조선학교를 졸업했다.

소웅은 이모에게 수시로 결혼하라는 말을 들었다. 결혼 이 야기를 꺼내는 여성이 꽤 있었지만 소웅은 미자를 아내로 맞 이하고 싶었다. 결혼을 허락받기 위해 소웅은 무턱대고 미자 의 집으로 찾아갔다. 긴장된 모습으로 거실에 앉아 있었는데, 험악한 얼굴을 한 미자의 아버지가 나타나더니 별안간 총신 이 둘 달린 권총을 겨누면서 "총 맞아 죽고 싶어?"라며 소리 를 질렀다.

그 순간에는 몸이 부들부들 떨렸지만, 군대도 다녀왔던 소 웅은 일어나서 "쏠 테면 쏘세요!"라며 되받았다. 함께 따라왔 던 친구는 벌써 한 구석으로 몸을 숨기고 있었다. 소웅은 눈 을 부라리는 미자의 아버지에게 기죽지 않고 눈을 부릅뜨고 "쏴보시라니까요!"라며 밀어붙였다. 손이 떨리는 것을 느낀 아버지는 침대에 총을 집어던진 뒤 자리를 떴다. 그로부터 일 주일 뒤 소웅은 미자를 데려왔다. 소웅은 자신의 프러포즈 장 면을 웃으면서 말하곤 한다.

소웅과 미자는 둘 다 일본인 어머니를 두었지만 아버지가 조선인이라는 이유로 전후에 귀환을 하지 못했다는 공통점 을 지녔다. 이후 두 사람은 세 명의 아이를 낳고 40년 이상을 함께 살았다. 그리고 일본에도 함께 돌아왔다. 그리고 미자는 2012년에 먼저 세상을 떠났다.

사할린에서의 생활

제대 후 제지 공장에서 일할 때 소웅은 직공장이 되어 60 명의 인부가 소속된 작업반을 맡았다. 소웅을 제외한 직공들은 모두 러시아인이었다. 처음에는 잘 될까 걱정했지만 전혀 문제가 없었다.

당시 공장은 '직장'으로서만이 아니라 생활을 하기 위한 여러 측면에서 중요한 곳이었다. 결혼 후 다케나카 집안은 바라크에서 살았지만 그 뒤 새로 지은 아파트로 이사했다. 이 아파트는 매일 일이 끝난 뒤 공장 동료들이 모여서 함께 지은 것이다. 그의 가족은 1979년에 이 아파트에 입주했다. 난방과 온수는 공장의 보일러 배관을 통해 공급되었다. 참고로 우글레고르스크는 이 시기가 가장 호황이었고 인구도 가장 많았다.

1963년에 조선학교가 폐교되었기 때문에 소웅과 미자의 아이들은 러시아학교에 다니게 되었다. 다케나카 집안에서는 러시아어를 사용했기에 아이들은 쉽게 학교생활에 적응했다. 일본인의 피를 물려받았다는 것에 대해 아이들은 진지하게 생각해본 적은 없었지만 그 사실만은 분명히 깨닫고 있었다. 학교 선생이나 친구들도 이를 알고 있었다. 민족 차별이 있다는 이야기를 들었지만 실제로 차별 대우를 당하는 일 없이 아이들은 무럭무럭 자랐다.

1990년대가 되자 장남과 장녀가 결혼하여 손주들이 태어나는 등 즐거운 일들이 계속 일어났다. 그러나 국가 전체로는 불안정한 시기였다. 1991년 소련 붕괴 이후 경제 상황은 극도로 힘들어졌다. 특히 국가 중심부에서 멀리 떨어진 조그마한 마을은 정도가 더 심했다.

사할린 각지의 공장은 대개 일본 통치 시대에 만들어져서 소련 시대에는 국가의 지원을 받았지만, 1990년대에 와서는 조업이 거의 중단되는 지경에 이르렀다. 사람들이 실업에 내몰리면서 많은 가정에 난방이 공급되지 않고 온수도 사용할 수 없게 되었다. 사할린의 매서운 겨울은 많은 사람들을 궁지로 몰아넣었다.

다케나카 집안도 예외는 아니었다. 배관 파이프가 얼어 수도 공급이 중단되자 급수차에서 물을 사야 했다. 난방도 중단되어 실내에서도 추위 때문에 걸레가 마루에 달라붙을 정도였다. 아이들은 학교에서 몸을 녹이는 수밖에 없었다.

사할린의 주민들은 생활이 곤란해지자 '원래의 땅' 즉 출신지로 돌아가려 했다. 1990년대 우글레고르스크의 인구는 호황이었던 시기에 비해 7000명이나 줄어 있었다. 대부분의 사람들은 러시아의 내륙 지역이나 구소련 공화국으로 되돌아갔다. 바로 그즈음부터 조선인과 일본인의 영주 귀국이 실시되어 많은 사람들이 마을을 떠났다.

가족을 모두 데리고 영주 귀국하다

소웅의 부모님은 귀국하지 못한 채 1963년에 아버지가, 1970년에는 어머니가 사망했다. 소웅은 1945년 이전에 태어났으므로 한국으로 영주 귀국할 수 있었다. 그렇지만 사할린 잔류 조선인의 일시 귀국이 가까스로 실현되던 1980년대에 와서는 아버지가 이미 돌아가셨으므로 한국에 대한 망향의 염念이 소웅에게는 그리 강하지 않았다. 어머니의 고향인 일본으로 '귀국'하려는 생각도 품지 않았다.

이 같은 상황 속에서 일본사할린동포교류협회(293쪽 참조)로부터 일시 귀국을 해보지 않겠느냐는 제안이 있어 가벼운 마음으로 다녀오게 되었다. 1992년 처음으로 일본에 방문했다. 향한 곳은 어머니의 고향이었다. 그곳에는 어머니의 형제와 사촌들이 살아 있었다. 약 2주간 머무르며 삿포로도 가 보았다. 그 뒤 1996년, 1998년, 2000년, 2002년에 걸쳐 거의 2년에 한 번 꼴로 일시 귀국을 했다. 2002년에는 아내와 함께 했다.

2000년대에 들어서 소웅 부부는 연금생활에 들어갔지만 인구 유출이 심한 우글레고르스크에서 희망적인 미래를 기대하기는 어려웠다. 아이들도 자기 생활에 바빠 부모를 돌볼 처지가 아니었고 생활도 어려워졌다. 이 같은 상황에서 일본으로 영주 귀국할까 하는 생각이 조금씩 들었다. 일본의 사촌

다케나카 집안 사람들. 앞줄 왼쪽부터 지마, 류바, 료샤, 소웅, 리타. 뒷줄 왼쪽부터
사샤, 로베르트, 승자, 건웅, 코스차, 료샤, 옥사나. 삿포로에서

들도 그것을 권했다.

　소웅의 일곱 형제 중 일본으로 영주 귀국이 가능한 사람은
일본 호적에 입적이 허용된 전전 출생의 소웅과 동생 건웅뿐
이었다. 여동생은 한 차례 한국으로 일시 귀국했지만, 건강
문제 등으로 결국 사할린으로 돌아왔다. 다른 형제들은 1945

년 이후에 태어났기 때문에 한국으로의 영주 귀국은 불가능
했다.

2005년 봄에 일시 귀국했을 때 소웅은 가족 모두를 데리
고 영주 귀국하기로 뜻을 굳혔다. 이 당시 아내 미자는 삿포
로에서 일본인 어머니와 여동생을 만날 수 있었다. 소웅의 친
척들이 필사적으로 찾아주었다. 그리고 같은 해 12월 소웅은
아내와 장남 가족(장남, 며느리, 손주 둘)을 동반하여 일본으로
영주 귀국했다.

소웅 일가는 6개월간 사이타마 현 도코로자와埼玉縣所澤市
시의 중국귀국자정착촉진센터에서 일본 문화와 일본어를 배
우고 2006년 6월에 삿포로에 정착했다. 그리고 2006~2008
년에 장녀 가족과 차남을 초대하여 모든 가족의 일본 생활이
시작되었다. 영주 귀국 지원 대상이 되지 못한 가족들을 초청
하기 위해서는 특별한 노력이 필요했다.

소웅은 가족이 여기저기 떨어져 사는 것을 바라지 않았다.
가족 전원의 영주 귀국을 달성하는 것, 그것은 소웅의 집념이
었다. 소웅에게 일본이 '조국'은 아니었지만, 온 가족이 모여
생활이 가능한 길을 일본 영주 귀국으로 실현한 것이다.

소웅은 어머니의 조국에서 여생을 보내기로 했고, 소웅의
자식들 역시 할머니의 조국에서 살아가기로 결정했다. 역사
에 희생당한 사할린 잔류 일본인 여성(다카하시 도요코)은 비

록 자신은 고향 땅을 두 번 다시 밟을 수 없었지만, 백골이 되어서라도 자신의 가족을 일본에 돌려보낸 셈이 되었다.

일본으로 간다는 것은 자식과 손주 세대에게는 당연히 '귀국'이라기보다는 '이주'라는 느낌이 강했다. 할아버지의 시대에 신천지를 찾아 조선에서 일본으로 건너온 김수진처럼, 이번에는 그의 자손들이 '새로운 생활'을 꿈꾸며 사할린에서 일본으로 건너오게 된 셈이다.

딸과 며느리의 방황하는 정체성

소웅이나 건웅 같은 이른바 귀국 1세대는 소학교까지 일본어를 사용했기 때문에 귀국 후 비교적 빨리 일본어로 말할 수 있었다. 그러나 2세대인 자식과 3세대인 손주의 경우에는 일본어 학습은 긴급한 과제였다. 게다가 일본어를 사용해서 일하거나 공부를 하기에는 이러저러한 벽이 가로놓여 있었다.

부모를 봉양하는 조건으로 동반 귀국하는 2세대의 경우 우선 자신의 가족부터 부양하지 않으면 안 된다. 그러기 위해서는 일본어를 배워 직장을 얻어야 한다. 다케나카 집안의 장녀 리타와 장남의 아내 류바 역시 이 같은 현실 문제에 직면했다.

장녀 리타는 아이 하나를 데리고 일본으로 왔다. 리타는 러시아어밖에 할 줄 몰랐지만, 부모님이 집안에서 주로 러시아어를 사용하면서, 한국어나 일본어, 때로는 양쪽을 모두 섞어 말하는 경우도 적지 않았기 때문에 생활 속에서 세 가지 언어에 어느 정도 익숙해 있었다.

리타는 어릴 적에 작은 할머니 댁에 놀러가는 것을 좋아했다. 러시아어로 이야기를 걸면 할머니는 일본어와 한국어를 제멋대로 섞은 언어로 대답하곤 했는데, 어떻게든 소통은 가능했다. 리타는 부모 양쪽 모두 일본인의 피를 물려받았기에 그만큼 일본어와 한국어를 접할 기회가 많아 이 두 언어에 대해 위화감은 없었다.

하지만 장남의 아내인 류바는 사정이 좀 다르다. 남편을 따라 일본으로 왔지만 부모가 모두 조선인이어서 그녀에게는 일본인의 피는 '한 방울'도 섞여 있지 않다. 막내인 류바는 어릴 때 외할머니와 지내는 경우가 많았다. 류바는 러시아어로, 외할머니는 한국어로 말을 주고받았는데 크게 힘든 점은 없었다. 외할머니는 독특한 방언을 사용하는 제주도 출신이었다. 반면 경상도 사투리를 쓰던 친할머니는 손녀와 말이 통하지 않아 섭섭해했다.

하지만 일본에 도착해서 처음으로 들은 일본어에 류바는 이상하게도 친밀감이 느껴졌다. 그 언어의 울림이 어디선가 들어본 듯한 느낌이었다. 부모님은 아이들에게는 주로 러시아어로 말했지만, 때때로 잘 알아들을 수 없는 단어들을 쓰곤 했다. 이에 대해 나중에 묻자 어머니는 "주변에는 일본인도 많고 해서 우리는 자주 한국어와 일본어를 섞어서 말하곤 했지"라고 대답했다.

일본인의 피가 흐르는 리타, 일본인의 피를 물려받지는 않았지만 일본에 대해 친밀감을 느끼는 류바. 이처럼 다언어·다문화적 환경에서 자란 두 사람은 일본으로 가게 것에 대해 어떤 느낌을 가졌을까? 또한 일본에서의 생활에 대해 어떻게 생각하고 있었을까. 일본으로 '귀국'한 리타와 류바는 자신들의 정체성에 대해 도대체 어떤 생각을 갖고 있었을까.

'귀국'을 어떻게 받아들이는가

리타는 러시아인과 결혼하여 1990년 아들 비타리를 낳았다. 남편과 헤어진 뒤 지금은 아들과 둘이서 생활하고 있다. 귀국 전 부모님으로부터 일본으로 '돌아간다'는 이야기를 들었을 때, 그녀는 너무 힘든 사할린 생활에서 벗어나고 싶어 찬성했다.

그러나 일본의 귀국 프로그램은 동반 가능한 자식 세대를 한 가족으로 제한하고 있어서 식구가 많은 장남 가족이 동반 가족 자격으로 먼저 가기로 했다. 리타와 비타리는 그 뒤 가족 초청이라는 형태로 일본에 온 것이다.

장남의 아내 류바는 결혼한 남편에게 일본인의 피가 흐르고 있다는 사실을 몰랐다. 결혼한 후 시아버지와 시어머니가 일본에 일시 귀국하거나 일본의 친척과 만나는 것을 보면서 남편의 조상 중에 일본인이 있다는 것을 알게 되었다. 시어머니(미자)는 일본을 처음 방문했을 때부터 꽤나 마음에 들었던 모양이었다. 류바에게도 함께 일본으로 가자고 권유했다.

류바는 망설였다. '거기 가면 어떻게 하지? 여기서는 일도 있는데. 여기가 전부인데……' 일본어도 할 줄 모르는 자신이 일본에서 어떻게 살아갈 수 있을지 도무지 불안했다. 1년 가까이 고민을 했지만 결단을 내리기가 쉽지 않았다.

시어머니는 "일본은 무척 아름답고, 어디든 꽃이 피어 있어. 함께 가면 좋겠는데!"라며 끈질기게 권유했다. 류바의 마음은 흔들렸다. 다케나카 집안은 가족 중 누구든 한 사람이라도 사할린에 남게 된다면 일본으로는 가지 않겠다고 정해 두고 있었다.

결국 모두 일본에 가기로 결심하고 이주하게 되었다. 류바의 입장에서도 아이들이 어릴수록 적응도 쉽고 말도 빨리 배울 수 있다고 생각해서 더 이상 결단을 미룰 수가 없었다. 지금은 아이들의 장래를 위해서도 이주하기를 잘했다고 생각한다.

한편 류바의 부모는 2007년에 한국으로 영주 귀국했고 아버지는 한국에서 2010년에 타계했다. 형제들은 사할린과 러시아 대륙 각지에 살고 있다.

새로운 생활과 자아실현

귀국 2세대는 사할린에 있을 때 일본에서 새로 시작할 생활에 대해 많은 기대를 하면서도 일본에서 자아실현을 할 수 있을지에 대한 불안을 잠재울 수 없었다. "귀국 2세대는 일을 하지 않으려 든다"라는 이야기를 쉽게 들을 수 있다. 실제로 일하지 않거나 한 직장에서 꾸준히 일을 하지 못하는 사람이 대부분이다. 왜 이렇게 된 것일까. 리타와 류바는 일본에 와서 그 사정을 알 수 있었다.

2세대는 '일하고 싶다', '지금까지 해왔던 일을 계속 해서 자신의 경험이나 전공을 살리고 싶다'고 생각하고 있지만, 일본에서 자신의 능력을 살리는 일은 그리 간단치 않다. 일본어가 부족하다는 이유로 따돌림을 당하거나 바보 취급을 당하는 경우도 종종 있다. 직장 내 상하 관계에도 어려움을 느끼고, 곤경에 처했을 때조차 동료들이 잘 도와주지 않는 등 소통 방식의 차이에도 곤혹스러워한다. 무엇보다도 러시아에서 획득한 자격증이 인정되지 않는 점은 자신의 존재 의미에도 영향을 미친다. 이러한 문제가 일을 계속하는 데 큰 장벽이 되고 있다.

리타(오른쪽)와 류바

다케나카 집안의 2세대 여성들은 이러한 벽을 넘어서기 위해 어떤 노력을 했을까?

리타는 도시락 공장에서 일한다. 사할린에서도 제지 공장이나 빵 공장에서 일했기 때문에 일은 괴롭지 않다. 육체노동은 분명히 힘들지만, 리타는 빠르게 움직여야 하는 일에는 단련되어 있다. 다만 건강이 그리 좋지 않은 탓에 의사에게서 다른 일을 하는 것이 어떻겠느냐는 이야기를 들은 것이 마음에 걸릴 따름이다. 그래도 선택지는 둘밖에 없다. 생활보호를 받으면서 살아갈 것인가, 아니면 공장에서 일할 것인가. 리타는 "일할 수 있는 동안에는 생활보호에 의존하고 싶지 않다"면서 지금 하는 일을 계속하고 있다.

한편 류바는 사할린에서 간호사로 10년간 일한 경력이 있다. 그러나 일본에서는 러시아에서 취득한 간호사 자격도 인정되지 않고 언어 문제도 있어서 간호사로서 일할 수 있는 길이 닫혀 있는 것이다.

그래도 류바는 자신의 전공과 가장 가까운 간병 일을 얻을 수 있게 되었다. 지금은 일시적으로 일을 쉬면서 중국귀국자지원교류센터의 일본어 학습 과정을 밟으면서 일본어 실력을 높이는 데 힘쓰고 있다.

일본어 소통의 문제

리타와 류바는 일본 기업에서 일을 하면서 일본어라는 벽에 부딪혔다. 리타는 가족 초청(자비)으로 '귀국'했기 때문에 귀국 여비 지급, 귀국촉진센터 입소, 주거 알선, 생활보호 등 귀국 지원 대상이 아니라서 당장 일을 하지 않으면 생활이 불가능한 상태였다. 그래도 일본에서의 생활에 대해서는 "좋아요. 멋져요. 곳곳에 꽃이 피기 시작하는 상쾌한 봄부터 초

여름에 걸치는 계절을 진심으로 좋아해요. 예뻐요"라며 기대에 부푼 모습이다.

그러나 동시에 "나는 일본어가 서툴러서 어딜 가든 고생이랍니다. 왜냐하면 배울 수 있는 시간이 부족하거든요. 일을 하든가 공부를 하든가 둘 중 하나를 선택해야 해요. 둘을 다 하기란 불가능해요"라고 말하는 리타의 어깨는 축 처져 있다.

리타는 자신의 일본어가 유창하지 않다는 것을 잘 알고 있다. 그렇지만 일본인 동료들이 자신의 상황을 좀 더 이해해주기를 바란다. 그들과 편하게 이야기할 수 없다는 것이 가장 마음에 걸린다.

지금 가장 사이좋게 지내는 사람들은 직장의 중국인들이다. 중국인들끼리는 중국어로 이야기하지만, 일본어 강습을 거친 뒤에 공장에 배치되었기 때문에 일본어도 어느 정도는 한다. 리타에게는 알아듣기 쉽게 이야기한다. 그녀들은 친절해서 간혹 재미있는 이야기를 하기도 한다. 농담을 하거나 꼬집거나 하면서 화기애애한 분위기가 될 때가 많다. 일본인들과는 달리 중국인들과는 사이좋게 지내고 있다.

일본어를 능숙하게 구사할 수 없기 때문에 "유급휴가를 쓰는 방법을 알지 못하는" 등 생활의 불편이 생기는 경우도 있다. 또한 "일본어를 못하는 일본인" 취급을 받고 싶지 않기에 리타는 직장에서는 러시아 이름을 사용하고 있다.

류바 역시 직장에서 일본어를 유창하게 구사하지 못한다는 이유로 놀림감이 되거나 바보 취급을 받은 적이 있었다. 류바는 일본어 공부를 열심히 하지만 한자가 잘 외워지지 않아 고생하고 있다. 요양원에서도 입원자의 이름을 히라가나로 쓸 수밖에 없다. 그러면 일본인 동료들은 "공부해!"라고 입이 닳도록 이야기한다.

집에 돌아가면 두 아이들을 돌보는 일이 기다리고 있고, 집안일도 해야 한다. 요양원 일이란 고된 노동이어서 체력도 필요하므로 충분히 쉬지 않으면 안 된다. 일본어 공부를 할 시간을 내기가 쉽지 않다.

어느 날 항상 류바에게 주의를 주곤 하던 일본인 동료가 카드에 쓸 이름의 한자를 사전에서 찾아보고 있는 것을 발견했다.

류바는 그에게 이렇게 말했다.

"당신은 일본인이잖아요. 일본에서 태어나 자랐으면서 왜 한자를 모르는 거예요? 왜 나에게만 공부하라는 말을 하는 거지요? 자기도 잘 못하면서."

그 후로 그 동료는 류바의 일본어에 대해 더 이상 말을 하지 않았다.

류바와 리타는 일본어가 능통하지 않은 자신을 답답해했다. 그러나 자신들의 상황을 이해해주지 않고 소통조차 시도

하지 않는 일본인 동료들에게 분노를 느끼고 있다. 일본 사회가 좀더 관용의 마음을 갖고 그들의 문화를 수용해주기를 바라는 것이다.

내전을 피해서

올리아의 어머니인 옥사나는 건웅 집안의 며느리인데, 사실 그녀에게도 일본인의 피가 흐른다. 할아버지의 부모는 양쪽 다 조선인이지만 할머니의 부모는 양쪽 다 일본인이다. 자매가 함께 사할린으로 건너온 친할머니는 일본인과 결혼했지만 전쟁에서 남편을 잃고 조선인과 재혼했다. 외할머니는 조선인 남편과 사할린으로 건너왔다.

그런데 옥사나의 어머니는 어려서 모친(옥사나의 일본인 외할머니)을 여의고 근처의 조선인 가정에 맡겨져 조선 문화 속에서 자랐다. 가정의 언어는 한국어였고 아이들은 조선학교에서 공부했다. 반대로 아버지 쪽은 가장이 조선인이었음에도 집에서는 일본어를 사용했다. 아이들은 러시아학교를 졸업했다.

가정에서 사용하는 언어가 달랐던 옥사나의 부모님은 결혼한 뒤에는 학교에서 배운 러시아어를 사용했다. 옥사나가 태어난 곳은 우글레고르스크 지방의 크라스노폴리에였지만, 열 살 때 가족은 사할린을 떠나 타지키스탄으로 이주했다.

크라스노폴리에 전경

    다민족 지역에서 옥사나의 가족은 평온한 일상을 보내고 있었지만, 1991년 소련이 붕괴하자 온 가족에게 비극이 닥쳤다. 1992년 타지키스탄 내전이 발발하자 옥사나의 가족도 여기에 휩쓸렸다. 가족을 지키기 위해 순찰대의 대장이 된 옥사나의 아버지가 마을 남자들과 함께 체포되어 총살당한 것이다.

옥사나의 가족은 피난하기로 했다. 목숨만 겨우 건져 사할 린에 도착했지만 집도 일자리도 없는 상황이라 하나부터 열 까지 모두 다시 시작해야만 했다. 옥사나는 친척 집에 얹혀살 면서 일을 했다. 그로부터 2년 뒤 그녀는 다케나카 집안의 로 베르트와 만나 결혼했다.

1996년에 장남(코스차)이 1999년에 장녀(올리아)가 태어났 다. 당시 사할린은 경제 사정이 아주 좋지 않아 인구 유출이 심했다. 크라스노폴리에는 일자리가 거의 없어서 옥사나의 가족은 하바롭스크로 이사 가기로 마음먹었다. 옥사나의 어 머니와 남편은 돈을 벌기 위해 한국으로 갔다.

옥사나는 시부모님과 생활하면서 농업으로 그럭저럭 생활 을 영위했다. 그러던 어느 날 시아버지(건웅)로부터 "일본으 로 귀국하지 않을래?"라는 이야기를 들었다. 옥사나는 어머 니와 남편이 한국에 있었기 때문에 혼자 판단해야 했다. 곰곰 이 생각해본 결과, 일본으로 갈 거라면 아이들이 한 살이라도 어릴 때 가는 편이 낫다는 결론을 내리고 마음을 정했다.

옥사나는 리타나 류바와 마찬가지로 평범한 일본 기업에 서 2년간 일을 했지만, 역시 언어 문제와 직장 내 인간관계 문제로 일을 그만두었다. 지금은 유아교육 전공을 살려 러시 아 학교의 토요 교실에서 자원봉사자로 활동하고 있다.

러시아학교 토요 교실에서 아이들을 가르치는 옥사나

아이들의 장래에 거는 기대

리타, 류바, 옥사나는 생계를 유지하기 위해 열심히 일하면
서도 아이들을 돌봐야 한다. 아이들은 어려서 일본에 왔기 때
문에 일본어를 유창하게 하고 학교 생활에도 잘 적응하고 있
는 것으로 보인다. 하지만 귀국자로서 자신의 존재를 어떻게

의식하고 있을까. 감수성이 예민한 시기이기도 해서 부모들은 아이들에 대한 걱정이 많다.

다케나카 히데오, 한국 이름 김수진의 다섯 증손자들은 지금 일본에서 살고 있다. 증조부는 열네 살 때 일자리를 찾아 조선에서 일본으로 건너왔다. 소옹과 동생 건웅도 열네 살에 러시아 사회로 나가 일을 시작했다. 지금 비슷한 나이에 접어든 손자나 증손자들은 일본으로 '귀국'해 일본어를 배우면서 일본인으로 살아가고 있다.

물론 현재의 일본은 아이들이 노동에 내몰리지 않아도 되는 안전한 사회다. 이 같은 환경에서 아이들을 기르고 싶다는 마음은 류바도 리타도 변함이 없다. 다만 일본 사회는 외국에 뿌리를 둔 아이들을 받아들일 준비가 아직 충분히 갖춰져 있지 않다고 생각한다. 이 때문에 부모들은 교육 문제와 아이들의 장래에 대해 다양한 고민을 안고 있다.

사할린에 잔류할 수밖에 없었던 '일본인'은 일본인으로 귀국했지만, 이들 가족의 정체성은 더 이상 단일한 문화나 언어로 수렴되지 않는다. 세대에 따라 상황에 따라 좀 더 부각되는 '면'이 있을 터이나 그것은 결코 단일하지 않다. 아이들이 일본 사회에 잘 적응하면서 조선의 문화나 러시아어를 유지하는 것이 가족들의 간절한 바람이다.

2장

전후 사할린에서 살게 된
어머니와 귀국 3세 손녀의 정체성

가와세 요네코

귀환선의 출항지 홀름스크

한때 오지제지의 공장이 들어서 있었으며 제지업과 어업으로 번영했던 홀름스크(眞岡, 마오카). 지금은 산업이 쇠퇴하여 황폐한 모습으로 바뀌어버렸다. 그 많던 조선인들도 꽤 줄어들었다.

전전에는 마오카라고 불렸던 이 항구도시는 가라후토에서 출발하는 귀환선의 출발지였다. 1946년 12월부터 1949년 7월까지 소련 지구에서 일본인을 귀환하기로 결정한 소련지구미소송환협정에 의한 전기집단귀환에서 가라후토 및 쿠릴열도에 있던 약 31만 명이 일본으로 향했다. '아홉 명의 처녀'가 자결한 마오카 우편전신국 사건으로 알려진 곳이기도 하다.

가와세 요네코川瀬米子가 태어난 곳은 홀름스크 지방의 야브로치노에(蘭泊, 란도마리)란 곳이다. 아버지 니가이 레프는 조선인으로 우글레고르스크 출신이다. 다시 말해 전시에 사할린으로 강제동원된 것과는 다른 경우다. 자세한 내막은 모르지만 할아버지가 조선에서 연해주로 건너왔다가 나중에 사할린까지 흘러들어왔다고 한다.

사할린에는 이처럼 대륙이나 일본을 경유해서 이주한 조선인도 적지 않았다. 1926년 12월 말에 4387명의 조선인이 살고 있었는데, 본격적인 전시 동원이 있기 직전인 1938년에는 7625명으로 늘었다(265~266쪽 참조).

그 뒤 조선에서 많은 사람이 강제징용되어 탄광 같은 곳에서 일했다. 패전 당시에는 약 2만 3000명이 있었다. 이들은 일본 패전 후에도 고향으로 돌아가지 못하고 오랫동안 사할린 잔류를 강요받게 된다. 여기에 일본인 귀환으로 인한 노동력 부족을 메우기 위해 북조선에서도 계약 노동자들이 송출되어 왔다. 이들 대다수는 한국전쟁 등의 혼란 속에서 사할린에 머무르게 된다. 이 같은 사람들이 전후 사할린에서 조선인 커뮤니티를 형성했다.

THE GENERAL VIEWS OF MAOKA CITY. THE CENTRE DISTRICT OF
BUSINESS IN THE WESTERN SAGHALIEN, SAGHALIEN.
觀大の街市闊廣地心中の業商るけ於に太樺西 （太　樺）

전전의 마오카(삿포로 시 중앙도서관 디지털라이브러리 제공)

귀환선을 내려다보며

요네코의 어머니는 니가타新潟 출신의 가와세 와키다. 가와
세는 어머니의 성이다. 와키는 1928년 열여덟의 나이에 언니
네 집안의 일손을 도와주기 위해 가라후토로 건너왔다. 그러
나 언니는 남편과 헤어진 뒤 니가타로 돌아가버렸다. 언니 집
안의 뒤처리를 하는 처지가 된 와키는 상황이 마무리되면 자
신도 니가타로 돌아갈 작정이었다. 그동안 생계를 유지하기
위해서는 일자리를 찾아야만 했다. 한 노파에게서 란도마리
의 공사장 식당에서 일하라는 권유를 받았다. 그 식당에서 오
지제지에서 건축 일을 하는 나카무라 쇼키치中村正吉라는 남
자를 만나 함께 살게 되었다.

쇼키치와는 정식 결혼을 한 것이 아니어서 와키는 두 사람 사이에 태어난 아이들을 자기 호적에 올렸다. 요네코는 1943년에 이들 여섯 형제의 다섯째로 태어났다. 패전 직전 가라후토에 혼자 남겨진 와키를 찾아 오빠가 니가타에서 마오카로 왔으나 란도마리에 살던 동생을 찾지는 못했다.

1946년 말 쇼키치가 병사했다. 전후 가라후토에서 귀환이 시작될 무렵이었다. 이러한 상황에서 여섯 명의 아이들을 부양해야 했던 와키는 일자리를 찾아 아이들을 이끌고 서해안의 중심 도시였던 홀름스크로 향했다.

항구를 에워싸고 있던 언덕에서는 고향을 향해 출항하는 귀환선도 내려다보였을 터였다. 저 배에 타기만 하면 일본으로 돌아갈 수 있었다. 그러나 정식 결혼도 하지 않고 낳은 아이들을 데리고 일본에 갈 수는 없었다.

조선인 의붓아버지의 성을 이어받다

많은 일본인 여성이 그러했듯, 와키 역시 주위의 권유로 목재 운반 일을 하는 조선인 텐(정) 복만(오카와 사부로, 大川三郎)과 결혼했다. 텐과의 사이에서 두 명의 아이가 더 태어났다. 그러나 텐 역시 1951년 사고로 사망하고 만다.

가와세 가족과 텐의 동거는 기껏해야 3년이 안 되었지만, 가와세 가족이 조선인 커뮤니티로 편입되는 계기가 되었다.

홀름스크 전경

사실 조선인으로 산다는 것은 사할린에서 살아가는 방책이
기도 했다. 가와세 가족은 새아버지의 성을 물려받아 텐 가가
되었고, 요네코는 텐 영하라는 이름으로 불렸다.

　곤궁한 생활 속에 와키의 아이들은 학교조차 다닐 수 없었
다. 장녀 노부코信子는 열여섯 살에 꽤 터울이 지는 조선인에
게 시집을 갔다. 둘째인 다이코度子 역시 학교에도 못 가고 동

생들을 돌봐야 하는 나날을 보냈다. 지독한 가난 때문에 열네 살 때 다이코는 열여섯이라 속이고 펄프 제지 공장에서 허드렛일을 했다.

조선인 가정에서 식모살이를 하다

또다시 남편을 잃은 와키는 어찌할 바를 몰랐던 듯하다. 입을 하나라도 덜기 위해 일곱 살짜리 요네코에게 집을 떠나 일을 하게 했다. 근처에서 봉제 가내공장을 경영하는 조선인 김씨의 집에 요네코를 맡긴 것이다. 잔류 일본인 가정에서는 이 같은 사정 때문에 집을 떠나 일을 하거나 양자를 보내거나 하는 일이 드물지 않았다.

식모로 일했던 가정에서는 세 아이들을 돌보는 것이 요네코의 주된 일이었다. 그 외에도 마당 쓸기나 물 긷기 등 아침부터 밤까지 할일의 연속이었다. 주인은 완고한 사람이어서

가와세 와키(1970년 전후. 가와세 요네코 제공)

늦잠이라도 자면 "말처럼 처먹고서 언제까지 잘 작정이냐"며 큰소리로 깨우곤 했다.

그렇지만 집으로 돌아올 생각은 없었다. 요네코는 부드러운 빵과 버터에 눈이 휘둥그레졌다. 이 집에 있을 수만 있다

면 일이 힘들지언정 배를 주리지는 않을 터였다. 처음에는 학교에도 다니지도 못해서, 주변에서 "저 어린 카레얀카 계집애가 학교에도 안 가고 식모 짓을 하고 있다"는 이야기가 돌았다. 열 살이 되어 요네코는 드디어 조선학교에 다닐 수 있게 되었다.

사할린에는 전전에도 많은 학교가 있었고, 1949년 전기집단귀환이 일단락될 때까지 일본학교가 존속했다. 패전 직후에는 조선학교도 각지에 세워졌다. 전후 일본으로 귀환되지 못한 잔류 일본인은 조선인 커뮤니티에 편입되어 조선학교에서 공부하게 된 아이들도 적지 않았다.

요네코가 한국어를 유창하게 말하게 된 것도 '쪽바리'라는 놀림을 받으면서도 조선학교에서 공부한 덕택이었다. 한국어를 배우는 일은 매우 힘들었지만 학교란 자못 즐거운 곳이었다. 아이들은 모두 춤추는 것을 좋아했고 부채를 이용하는 전통 춤 대회 같은 것도 있었다. 치마저고리를 입고 퍼레이드에 참가하기도 했다. 요네코는 이러한 분위기 속에서 학교생활을 보냈다.

1956년 10월 일소공동선언이 발표되고 이에 따라 소련지구의 '미귀환 국민'을 대상으로 한 후기집단귀환이 시작되었다(290쪽 참조). 1959년 8월 제12차부터 1959년 9월의 제18차까지가 사할린으로부터의 귀환이었다. 이 기간에 766명의

영주 귀국 몇 개월 뒤, 남동생의 홀름스크 집에서 옛 사진을 보며 회상하는 요네코

일본인 여성과 1541명의 조선인 남편 및 그 아이들이 일본으로 돌아왔다.

요네코가 식모살이를 했던 조선인 가족도 1957년에 일본으로 되돌아갔다. 세 명의 아이들, 그리고 조선인 전처 사이에서 태어난 장녀 부부(아내는 일본인)와 더불어 일본으로 귀환되었다.

요네코는 자기가 돌봤던 주인집 아이들을 지금도 잊을 수 없다. 귀환 직전에 찍은 아이들 사진을 보물처럼 소중하게 보관하고 있다. 2009년 영주 귀국해서 도코로자와의 중국귀국자정착촉진센터에 입소해 있을 때 주인집 장남의 아내였던 사람(귀국 후 이혼)이 찾아와주었다. 50년 만의 재회였다.

조선인 가족이 일본으로 돌아간 뒤 요네코는 사할린에 남은 그 일가의 차남과 장녀의 아이들을 돌보면서 전전했다. 열여섯 살이 될 때까지 6년간 학교에서 공부하면서 봉제 일도 함께 했다. 주변의 러시아인한테서 "당신네 조선인들은 봉제 실력이 매우 뛰어나다"라며 권유를 받았기 때문이다. 요네코는 러시아인들이 말한 대로 따랐다. 작은 덩치지만 손재주가 뛰어났기에 이 일이 분명 적성에 맞을 것이라 생각했다. 그로부터 21년간 봉제 일로 생계를 유지했다.

국적에 희생당하다

와키 일가는 1951년 집안의 기둥이었던 텐 복만이 죽고 난 뒤 생활이 어려워지자 1954년에 소련 국적을 취득했다. 그런데 요네코가 1961년에 결혼했던 첫 남편은 조선민주주의인민공화국(북조선) 국적자였다. 1950년대 후반부터 나홋카(Nakhodka, 러시아의 연해주, 동해 연안 남부, 표트르 대제 만灣에 면한 항구도시-옮긴이)의 북조선 영사관 직원이 사할린으

요네코(오른쪽)와 다이코(현무암 촬영)

로 찾아와 사할린 조선인들에게 북조선 국적의 취득을 권유
했다. 전 남편은 이를 수락하여 국적을 북조선으로 변경했
다. 한국과 국교가 수립되지 않았던 냉전의 한가운데에서 무
국적 상태를 탈피하기 위한 선택지의 하나였다. 소련 국적의
요네코와 달리 북조선 국적의 남편은 반년마다 여권(신분증
명서)을 갱신해야 했다. 요네코는 글을 못 배운 남편을 대신
해서 신청서를 썼다. 그때마다 북조선 영사관에서는 "김일
성 수령의 명예를 위해 조국(북조선)으로 가야만 합니다"라
고 쓰인 편지가 왔다.

두 사람 사이에서 장녀가 태어났지만, 요네코는 수시로 폭력을 휘둘렀던 남편과 1969년에 이혼을 하고 이듬해 지금의 남편 레프와 재혼했다. 동갑인 레프는 1963년 조지아인 전처와 홀름스크로 이주했다가 이혼하고, 그곳에서 요네코와 만났다. 두 사람 모두 두 번째 결혼이었다. 레프는 조선학교를 졸업했다. 조선학교는 중학교까지만 있었기에 대학 진학을 생각했던 레프는 러시아학교의 고등부에 입학했다. 러시아어를 거의 할 수 없었던 그는 중학교 마지막 과정을 다시 공부해야 했다. 대학에 들어간 레프는 이후 결혼을 했고 아이가 태어나는 바람에 학업을 포기하고 일을 시작했다.

그런데 요네코의 전 남편이 죽고 10년이 지났을 때 장녀가 여권을 신청했더니 북조선 여권이 나왔다. 깜짝 놀란 요네코와 레프는 장녀를 자신들의 호적에 올리고 북조선 여권을 반납하려 했지만 북조선 영사관에서는 답장이 없었다.

다행히도 바로 그 무렵 부모 중 어느 한 쪽의 국적을 선택할 수 있도록 법률이 바뀌어 장녀는 소련 국적을 취득할 수 있었다. 그 덕택에 장녀가 대학을 다닐 수 있었다며 요네코는 안도했다. 요네코에게는 지금의 남편과의 사이에도 딸이 둘 있다.

요네코는 21년간 봉제 일을 한 뒤에는, 사할린 주 어업항 해선관리국에서 선박 수리 작업원인 현 남편의 배를 18년 동안 타게 되었다. 처음에는 인사과에서 근무하던 그녀가 "(배를 타게 된 것은) 남편을 빼앗기지 않기 위해서랍니다"라며 농담조로 말한다. 배를 타고 해외로 나가는 허가를 얻을 수 있는 이 일을 할 수 있게 된 것은 봉제 일을 열심히 해서 우수한 소련 공산당원으로 인정받은 덕분이었다.

1990년에는 부산에서 선박 수리 일을 하게 되었다. 1988년 서울올림픽을 개최하는 등 한국 경제가 발전하고 있다는 이야기를 듣고는 있었지만, 실제로 돌아다니면서 부산의 발전된 모습을 보고 놀라움을 금치 못했다. 요네코 부부는 한국어가 가능했기에 상사를 모시고 경주까지 발을 내딛었다. 무엇보다 '본고장'의 요리가 사할린 조선인의 요리와는 맛이 완전히 달라서 감격했다.

나중에 일본에 영주 귀국하게 되었을 때 그녀는 왜 소련 국적을 취득했는지를 설명해야 했다. 무국적이라는 상황에서는 말할 것도 없이 이동의 자유도 없었다. 그러나 일본 국적을 회복하기 위해서는 다른 나라 국적 취득이 자신의 의사에 의한 것이 아니라는 사실을 설명해야 했다. 소련 국적을 취득할 때에는 훗날 이 같은 설명이 필요하게 될 줄은 예상조차 못했다.

니가타의 가족과 연락하다

사할린에서 두 남편과의 사이에서 여덟 아이를 낳은 요네코의 어머니 와키의 인생은 고난의 연속이었다. 그 와중에 요네코의 오빠 기요淸는 뱃사람으로 훌륭하게 성장했다. 기요가 탄 배는 1969년부터 우연히 니가타 항에 출입하게 되었다. 기요가 와키에게 그 사실을 말하자 와키는 니가타에 있는 친정 주소를 알려주었다. 와키는 친정 주소를 토씨 하나 빠뜨리지 않고 기억하고 있었다. 요네코의 형제들이 '가와세川瀨'라는 어머니 쪽 성을 알게 된 것도 이때가 처음이었다.

배가 니가타에 입항하자 기요는 아무나 붙잡고서는 주소를 보여주며 가와세 집안 사람들에 대해 수소문했다. 그다음에 니가타 항에 입항할 때는 큰 글씨로 '가와세'라고 쓴 어깨띠를 두르고 항구에 서 있으니 외삼촌과 외숙모가 나타났다. 앞에서 말한 것처럼 외삼촌, 곧 와키의 오빠는 패전 직전에 가라후토에 혼자 남겨진 동생을 데려오기 위해 마오카로 향했지만 와키와 재회하지 못하고 원통한 마음으로 되돌아갈 수밖에 없었다. 그 여동생의 자식이 25년 만에 눈앞에 나타난 것이다.

기요는 니가타의 친척들이 보낸 많은 선물을 가지고 사할린으로 돌아왔다. 이 일을 계기로 어머니도 니가타의 가족들과 연락을 주고받게 되었다. 편지는 주변의 글재주 있는 사람이 대신 써주었다. 그러나 편지는 니가타의 가족에게 전해지지 못했다. 일본과 소련 사이에는 아직 냉전이라는 준엄한 현실이 가로놓여 있었다. 기요 역시 두 번 정도 니가타에서 친척들을 만날 수 있었고, 1971년에 병사했다. 이리하여 니가타 쪽과의 연락은 두절되고 말았다.

가와세 일가와 니가타의 가족이 다시 연락할 수 있게 된 것은 소련이 붕괴한 뒤인 1990년대에 와서였다. 요네코 부부는 가까이 지내던 일본의 해산물 검사관에게 어머니 와키의 일을 이야기했다. 그는 마치 제 가족의 일인 양 요네코의 이야기를 들어주었다. 그리고 도쿄에서 일부러 니가타까지 찾아가서 가족을 찾아주었다. 그는 니가타의 친척에게서 가족사진을 몇 장 받아와서 요네코에게 건넸다. 1990년 8월에 일어난 일이었는데, 그 바로 2개월 전에 와키는 세상을 떠났다.

와키는 이 사진을 볼 수 없었지만, 바로 이즈음부터 일본사할린동포교류협회의 활동을 통해 일본으로의 일시 귀국이 활발해졌다. 1992년에 요네코의 큰언니 노부코가 일시 귀국해서 니가타에 찾아가 사촌오빠와 만났다. 둘째인 다이코도 1994년에 일시 귀국해서 니가타를 방문했다. 니가타의 친척들은 가와세 가족이 일시 귀국할 때에는 몇 번이고 마중을 나와주었다. 1999년 노부코가 영주 귀국할 때에도 사촌오빠가 신원보증인이 되어주었다.

남편의 목숨을 구한 영주 귀국

1990년대가 되면서 요네코 역시 수시로 일본에 들어올 수 있었다. 먼저 영주 귀국한 노부코를 따라 2003년경에는 요네코도 영주 귀국을 희망했지만 좀처럼 결심이 서지 않았다. 시어머니를 남겨두고 귀국할 수는 없었던 것이다.

요네코의 남편이 전전에 태어났기 때문에 부부에게는 한국으로의 귀국이라는 선택지도 있었다. 남편의 여동생도 한국으로 영주 귀국해 있었다. 시어머니는 한국으로의 영주 귀국을 그다지 바라는 것 같지는 않았다. 일본으로 영주 귀국하는 것에 대해 이야기를 꺼내자 일본으로 갈 작정이면 아들과 헤어지라고 했다. 시어머니는 한국으로 귀국하게 되면 주거 문제 때문에 요양원으로 들어가야 하는 처지였다.

2008년 봄 시어머니는 한국으로 영주 귀국했다. 남편과 더불어 영주 귀국한 장녀, 곧 요네코의 시누이가 특별히 허가를 얻어 어머니를 초청하여 2인실 아파트에서 같이 살게 되었다. 요네코가 일본 영주 귀국 이야기를 꺼내자 남편은 기꺼이 허락했다. 이렇게 해서 이듬해인 2009년 요네코 부부는 둘째 딸 가족을 데리고 일본으로 귀국했다. 사고와 병 때문에 하나둘씩 가족을 잃고 실의에 빠져 있던 둘째 다이코도 이때 함께 영주 귀국했다.

둘째 딸은 한국인 남편과 딸 둘과 함께 일본에서 생활했다. 둘째 사위의 부모는 한국으로 영주 귀국했다. 가와세 일가 역시 사할린, 삿포로, 그리고 한국에 뿔뿔이 흩어져 살게 된 셈이다.

요네코 부부와 둘째 딸 가족은 도코로자와의 중국귀국자정착촉진센터를 거쳐 홋카이도에 정착했다. 도에서 운영하는 히가시나에보東苗穂 단지(삿포로 시) 입거가 결정되었다. 둘째 딸 부부도 같은 단지에서 생활하게 되었다. 동반 가족은 부모를 모신다는 서약서를 써야만 했다.

영주 귀국하고 얼마 되지 않아 남편의 건강이 나빠져서 병원에서 검사를 받았다. 당장 심장수술을 해야 하는 상황이었다. 수술은 열두 시간이나 걸렸다. 그때까지 병원 신세를 진 적이 없던 건강한 몸이었기에 충격이 컸다. 의료 서비스가 잘 갖춰져 있지 않은 사할린이었다면 아마 목숨을 건지지 못했을 것이라고 부부는 생각한다.

남편은 러시아에서 자랐고 가족이 한국에 영주 귀국했지만 어디 살든 이젠 관계없다고 생각한다. 일본은 자신이 새로 태어난 곳이라는 것이다. 영주 귀국을 할 수 있게 해준 일본에 대해 요네코가 늘 감사의 마음을 표하는 것도 그 때문이다.

2014년 9월 한국으로 영주 귀국한 시어머니가 타계했다. 부고를 전해들은 요네코 부부는 곧바로 안산으로 가서 장례를 치렀다. 유골은 삿포로로 가져온 후 나중에 사할린에 가서 시아버지와 함께 안치했다. 요네코 부부는 자기들의 묘도 사할린에서 쓰기로 결심했다.

2세, 3세의 일본 사회 적응

가와세 부부는 일본 생활에 매우 만족하고 있지만 걱정거리가 하나 있다. 동반한 둘째 딸 가족의 장래에 대한 걱정이 이만저만이 아니다. 어린 시절부터 일만 하느라 공부를 하지 못한 요네코는 딸들만은 어떻게든 대학에 보내고 싶었다. 다행히 두 딸 모두 대학을 졸업하고 전문직에 종사했다.

그 둘째 딸이 지금은 사할린을 떠나 일본 생활에 도전하고 있다. 일을 하기 위해서는 우선 일본어를 배워야 한다. 귀국 2세의 경우 언어 장벽이 높아서 여태껏 러시아에서 해온 일을 계속하기가 매우 어렵다. 일본어가 안 되기 때문에 일을 할 수 없고, 일을 할 수 없으니 일본인과 사귈 기회도 없어 일본 사회에 참여하는 데 지장을 받는 악순환에 빠져 좀처럼 일본어가 늘지 않는 것이다.

곁에서 지켜보는 요네코는 딸 부부가 이 벽을 넘어설 수 있을지 걱정이다. 손녀들의 교육도 신경 쓰인다. 한국어를 전혀 할 수 없는데 조선학교에 입학한 요네코의 그 괴로웠던 기억은 아직도 뼛속 깊이 남아 있다. 일본으로 데려온 손녀들이 착실히 학교를 다녀 대학에 들어가는 것이 외할머니로서의 간절한 바람이다.

어른들과 달리 아이들은 언어 습득이 빨라 귀국 3세의 경우에는 큰 문제가 없어 보인다. 그러나 '말하는 언어'와 '읽고 쓰는 언어'의 차이 때문에, 학생이라고는 하지만 한자 공부에는 늘 어려움을 겪고 있다. 고등학교나 대학에 진학할 때는 일본인 학생들에 비해 불리한 조건 속에서 심한 경쟁에 내몰리게 된다.

1980년대에 중국에 거주했던 사람들이 일본으로 영주 귀국하면서 이러저러한 가족 문제가 나타나기 시작했다. 교육 문제가 특히 중시되면서 1988년에 국립대학에서는 '중국귀환자등자녀특별선발'을 실시했다. '중국 귀환자 등'에 포함되는 사할린 귀환자(귀국자)는 '중국귀국자지원법'(295쪽 참조)과 마찬가지로 이 같은 법 제도의 대상자가 되었다. 그러나 최근에는 중국에서 귀국하는 사람이 줄어들고 있기 때문에 대부분의 대학에서 중국 귀환자 대상 특별선발제도를 폐지하는 방향으로 가고 있다. 홋카이도의 경우에도 귀국자에 대한 배려가 부족하여 중국귀환자특별전형제도의 필요성을 인식하는 대학은 소수에 불과하다. 오타루小樽 상과대학만이 중국귀

가와세 요네코와 레프 부부(현무암 촬영)

환자특별전형제도를 실시하고 있고 고등학교는 한 학교에서
만 2008년부터 특별전형제도를 실시하고 있다. 이러한 상황
에서 요네코는 손녀들이 과연 대학에 들어갈 수 있을까 걱정
하면서 동반한 가족들을 지켜보고 있다.

알리나와 알리사의 학교생활

요네코의 두 손녀, 두 살 터울인 언니 알리나(나쓰미, 菜摘)
와 동생 알리사(유카, 優佳)는 각각 열다섯, 열셋의 나이에 부
모님, 외조부모님과 더불어 '귀국'했다. 일본에 이주할 때까

가와세 요네코

지 외할머니가 일본인이라는 사실에 대해 생각해본 적도 없었고 집안에 일본식 습관이나 전통도 없었다.

엄마한테서 "일본에서 사는 게 어때?"라는 말을 들었을 때 동생 알리사는 "괜찮지 않을까?"라고 대답했지만, 언니 알리나는 별로 내키지 않았다. 중학교 졸업을 1년 남겨둔 알리나는 '도중에 관두고 일본으로 간다는 건 너무 아쉬워'라고 생각했다.

결국 가족이 모두 일본으로 이주하여 도코로자와의 중국귀국자정착촉진센터에서 생활하게 되었을 때 자매는 그야말로 여름방학 한가운데 있는 듯한 기분이 들었다. 새로운 생활, 새로운 환경, 새로운 친구들……. 일본의 첫 모습은 인상적이었고 일본어 학습도 그리 어렵게 느껴지지는 않았다. 어떤 의미에서는 중국귀국자정착촉진센터에서 그녀들은 '손님'이라는 의식을 갖고 있었다.

그러나 삿포로에 정착하면서 상황은 완전히 달라졌다. 일본어가 익숙하지 않은 상태에서 중학교를 다니고 일본인 학생들과 같은 반에서 같은 프로그램으로 공부를 하게 되었다. 그것은 수십 년 전 조선학교에서 러시아학교로 옮기게 된 외할아버지(레프)의 경험과 겹쳐진다.

일본의 의무교육에서는 실제 나이보다 낮은 학년에 편입하는 것은 원칙적으로 인정되지 않는다. 홋카이도의 경우 유연히 대응하고 있기 때문인지 모르겠지만, 알리나와 알리사는 한 학년 아래인 중학교 2학년과 1학년으로 각각 들어갔다. 외국인 학생에 대한 지원은 각 학교의 재량에 맡겨져 있다. 이는 외국인을 수용하는 지원 체계가 정비되어 있지 않다는 뜻이다.

알리나와 알리사의 경우에는 다행히도 담당 교사의 양해로 시험 때는 사전을 사용한다든지 시험을 따로 본다든지 할 때도 있었다. "사회과 선생님은 한자에 후리가나를 붙여서 우리가 읽을 수 있도록 신경 써주세요"라며 알리사는 고마워한다. 방과 후에 '어린이 일본어 클럽'이라는 자원봉사 단체가 와서 주 1, 2회씩 일본어 강습을 해주는데, 학교 수업을 따라가는 데 큰 도움이 된다.

한편 알리나와 알리사는 매주 토요일 카사(CaSA)에서 공부를 하고 있다. 카사란 '삿포로 아동조력협회(Child-assist Sapporo Association)'를 줄인 말로, 스페인어나 포르투갈어로는 '집'이라는 의미도 있다. 이 말에는 삿포로에 거주하는 외국인·귀국 정주자와 그 아이들의 존재를 소중하게 여기는 마음이 담긴 한편, 이 지역에서 살아가면서 '여기에서 공부하게 되어 좋았어요' 혹은 '이곳이 우리 집이에요'라고 자신 있게 말할 수 있는 경험을 제공하고 싶다는 바람이 담겨 있다.

알리사(왼쪽)와 알리나(현무암 촬영)

카사의 구체적인 활동에는 외국인 아이들의 학습, 진로, 진학, 커뮤니케이션 지원이 있다. 다양한 나라의 아이들이 참가하고 있지만 사할린에서 온 귀국자의 아이들이 다수이다.

고등학교 · 대학 진학을 목표로

다양한 지원이 있고 본인들이 열심히 공부한다고 해도, 고등학교에 들어가기 위한 일반 입시의 문턱은 높다. 알리나는 국제관계를 배우는 고등학교로 진학하기를 희망했다. 귀환자를 위한 제도를 기대하기는 어려워서 입학을 위해 귀국 자녀 입학 제도를 이용하기로 했다.

이 제도는 일본 여권을 가진 자로, 부모님의 직업 때문에 3개월 이상 해외의 학교에 다녔으며, 일본에 귀국하여 통학하고 있다는 기준을 충족하기 때문에 가능했다. 그러나 이 제도는 어디까지나 '귀국 자녀'를 위한 제도로 귀환자를 염두에 둔 것이 아니어서 그 도전이 결코 쉽지는 않았다. 결과적으로는 잘 되어서 알리나는 무사히 고등학교에 입학할 수 있었다.

마음을 놓은 것도 한순간, 이제는 대학 입시를 내다보며 필사적으로 공부해야만 한다. 고등학교 1학년 때부터 희망 사항에 맞춰 대학 검토를 시작했다. 러시아어가 가능하고 영어 검정시험 1급을 통과했으며, 일본어 수준도 부쩍 올라간 알리나는 외국어나 국제관계 쪽으로 진로를 정했다.

중국귀환자특별선발을 실시하는 몇몇 대학에 문의해봤더니 내년이나 내후년에는 제도가 종료된다는 대답이 왔다. 중국 귀국자는 대폭 줄어들었지만 홋카이도에는 사할린으로부터의 귀국이 아직 이어지고 있는 상황을 이해하려 하지 않는 것이다.

귀국자의 아이들에 관한 문제를 이해시키기 위해 알리나는 물론이고, 그녀가 다니는 고등학교의 교장, 그리고 카사와 홋카이도 중국귀국자지원교류센터는 중국귀환자특별선발이 있는 대학에 이 제도의 연장을 요구하는 편지를 보냈다. 그

러나 모든 대학에서 제도 폐지 예정에 변경이 없다는 답장이
왔다.

그 뒤 알리나는 몇 개 대학을 검토하고 최종적으로 아키
타의 국제교양대학을 선택했다. 카사 서포터즈의 지원을 받
으면서 시험 준비에 몰두한 알리나는 보란 듯이 합격했다.
2015년 4월부터 아키타에서의 새로운 생활이 시작됐다.

언니와 같은 고등학교에 입학했던 동생 알리사도 이제 대
학 입시에 도전한다. 알리사는 전력을 다해 입시 공부에 몰
두해야만 한다. 알리사는 앞으로 관광 분야에서 일하고 싶어
한다.

알리사도 매주 토요일에는 카사에 얼굴을 내민다. 자원봉
사를 하는 대학원생들의 지원을 받으며 관광에 관한 공부를
하고 있지만, 카사에 오는 목적은 그것만은 아니다. 일본어가
능숙해진 알리사는 일본인 학생들에게 러시아어를 가르치고
있다.

카사에서 공부하는 중학생이나 고등학생은 일본어가 능통
해지면 이번에는 가르치는 쪽으로 자리를 잡게 된다. 같은 나
라에서 온 아이들에게 모어를 사용하여 일본어를 가르치거
나 일본인 아이들에게 러시아어를 가르치는 것이다. 알리사
는 이곳에서 러시아어를 가르치며 경험을 쌓고 있다.

자신이 누구인지 끊임없이 묻다

알리나와 알리사는 학교생활을 통해 일본 사회에 적응하고 있다. 그러나 아직도 커다란 의문을 품고 있다. 과연 나는 누구인가.

전전 일본 통치 시대에 사할린에서 태어난 세대는 일본인으로 자라나서 조선학교라는 커뮤니티에서 조선인으로 살아가다가 러시아 사회에 편입되면서 여러 개의 정체성과 사고방식을 가지게 된다. 어떠한 정체성이 강하게 나타나는지는 경우에 따라 저마다 다르지만, 대부분 물려받은 혈통과는 관계가 없다.

부모님, 조부모님과 더불어 일본에 '귀국'하게 된 손자 세대의 경우 윗세대와는 다른 형태로 정체성 문제에 직면한다. 이들 세대는 자신을 누구라고 생각할까. 그 대답은 하나가 아니다. 자라난 환경이 같고 나이도 비슷한 알리나와 알리사의 경우에도 서로 다른 대답을 내놓는다.

동생인 알리사는 러시아어가 모어라서 한국어가 능통한 편은 아니었다. 그렇지만 그녀는 자신을 스스로 한국인이라고 생각한다. "어느 나라 사람?"이란 질문을 받으면 한국인으로 오해받지 않게 "러시아에서 왔어요"라고 대답하지만, 자신이 러시아인이라고 생각하지는 않는다.

"러시아어는 나의 모어입니다. 그렇지만 나에게는 러시아인의 피가 한 방울도 흐르지 않아요. 일본인의 피가 흐르지만 집안의 습관이나 전통 등은 조선식이에요. 음식이나 명절까지 모든 것을 조선식으로 하고 있어요. 나는 카레얀카예요."
일본에 온 뒤로 더욱 이런 생각을 갖게 되었다.

사실 한국 쪽 대학 진학도 생각했다. 친할아버지도 한국에 영주 귀국해 있기 때문에 생활하기도 쉽고, 고등학교에서는 한국어도 공부하고 있다. 다만 한국의 대학에 가게 되면 장차 한국에서 생활할지도 모르는데, 꼭 그것을 바라는 것은 아니었다.

결국 일본의 대학에 가기로 정했다. "한국에 유학 가고 싶기는 하지만, 지금 가장 하고 싶은 것은 영어 공부예요"라고 알리사는 말한다. 처음에는 러시아어와 관련된 일은 염두에 두지 않았지만 지금은 그것도 하나의 선택지가 될 수 있다고 생각한다.

언니 알리나는 러시아어를 할 수 있다는 것이 큰 도움이 되리라고 생각한다. 다른 사람들보다 다양한 언어로 더 많은 정보를 얻을 수 있다고 확신하고 있다. 앞으로도 러시아어를 사용하려고 한다. 5년간 일본에서 생활하면서 일본어에도 능숙해진 알리나는 고등학교에서는 제2외국어로 한국어를 배웠다. 그렇다고 해서 자신을 한국인이라고 생각하지는 않는다. 러시아인이나 일본인이라고도 생각하지 않는다.

카사에서 러시아어를 가르치는 알리사

"나는 다면체랍니다. 각도에 따라서, 빛에 따라서 보이는 면이 달라요." 이것이 지금 자신에게 내린 대답이다. 그녀의 모어는 러시아어이고 가족의 전통은 조선식이지만, 외할머니가 일본인이라서 지금은 일본에서 살고 있다. 알리나는 모든 문화가 자기 속에 혼재해 있다고 느끼고 있다.

지금부터 어디를 향해 갈지 아직 모른다. 일본, 러시아, 한국과 관계를 맺으며 일할지는 모르지만, 아프리카 같은 지역에서도 자신을 시험해보고 싶다고 생각한다.

알리나와 알리사 같은 귀국자의 아이들이나 청년들은 경우에 따라서는 러시아인, 일본인, 한국인이기도 하고, 어떤 때는 '그들 모두'이기도 하다. 이들은 세 나라에 걸쳐 있는 인재다. 이문화異文化를 수용하고 전달하는 이들이 지닌 힘과 가능성은 매우 크다.

3장

'영주 귀국'의 길을 개척한 인생

스다 유리코

누구나 아는 얼굴

일본사할린협회에서 주최하는 일시 귀국 환영회나 총회에서 통역으로서 빠질 수 없는 존재가 있다. 전문 통역자 못지않은 격조 있고 유창한 일본어로 통역뿐 아니라 모임의 운영까지 맡고 있는 스다 유리코須田百合子다. 역시 귀국자인 그녀는 영주 귀국 후의 인생을 사할린 잔류 일본인과 함께해왔다.

유리코는 1996년 홀몸으로 둘째 아들과 셋째 아들 가족을 데리고 홋카이도의 에베쓰江別에 정착했다. 사할린 잔류 일본인의 일시 귀국이 일단락되고 영주 귀국이 바야흐로 본격화하는 초기 단계였다. 유리코는 몇 차례 일시 귀국의 기회를 얻어 일본 호적을 회복한 뒤 드디어 가족을 동반하고 영주 귀국을 했다.

　그러나 사할린에서 가족을 동반하여 영주 귀국한 일은 전례가 없었고 사이타마 현 도코로자와 시의 중국귀국자정착촉진센터 역시 이들을 수용할 준비가 되어 있지 않은 상황이었다. 그래서 스다 일가는 입소하지 못한 채 그대로 에베쓰에 정착했다. 가족을 동반한 사할린 잔류 일본인들의 귀국 가능성의 전망이 이제부터 스다 일가 손에 달린 셈이었다. 유리코는 에베쓰에 와서 정착할 때까지 "줄곧 시험을 보고 있다는 느낌"이었다고 당시의 심경을 말한다.

　유리코의 자식들은 에베쓰에 정착하고 나서 한 달 안에 취업을 하라는 당부를 받았다. 유리코는 일본어를 되살리려 애쓰면서 매일 밤 두 시까지 필사적으로 공부했고 가족들에게도 일본어를 가르쳤다. 속성 일본어이기는 했지만 2년이 지나자 아이들도 자립할 수 있었다.

　그 후로 중국귀국자정착촉진센터는 러시아에서 온 귀국자들도 수용했다. 이렇게 되기까지는 유리코의 힘이 컸다. "당신의 경험을 살릴 수 있는 일을 4개월 정도 해주지 않겠어요?" 유리코는 사할린동포교류협회로부터 이 같은 권유를 받고 도코로자와의 정착촉진센터에 부임했다.

　정착촉진센터에서 그녀가 한 일은 생활 상담원에서부터 통역에 이르기까지 다양했다. 4개월이었던 기간이 어느새 2

년이 되어 있었다. 일본에 정착하는 사할린 귀국자들을 도와주는 일은 보람이 있었지만 결국에는 아이들과 손자들이 있는 홋카이도로 돌아오기로 마음먹었다.

홋카이도로 돌아온 뒤에는 홋카이도자립연수센터(2008년에 홋카이도중국귀국자지원교류센터로 명칭 변경)의 생활상담원, 삿포로 시가 실시하는 자립지원 통역 등 파견사업의 자립지도원, 가라후토 귀국자 일본어 교실의 일본어 교사 일을 요청받았다. 지금까지 언어를 가르친 경험이 없었던 유리코는 매일같이 일본어를 다시 필사적으로 공부해야 했다.

계속 밀려오는 귀국자들에게 일본어를 가르치면서 홋카이도자립연수센터에서 8년을 일했다. "이젠 충분히 일했어. 쉬어도 좋아." 유리코는 자신에게 이렇게 말하면서 일본어 교사 일을 그만두었다. 그렇지만 이후에도 일본사할린동포교류협회의 임원을 맡아달라는 부탁을 받고서 일시 귀국자들을 마중하거나 통역하는 등의 일을 해오고 있는 까닭에, 영주 귀국자나 일시 귀국자들 사이에서 스다 유리코를 알지 못하는 사람은 없을 정도다.

피난길의 기억

스다 유리코는 1939년 10월 토로(塔路, 샤흐툐르스크)에서 태어난 뒤 얼마 되지 않아 조선인 가정에 입양되었다. 패전

일본사할린협회 총회에서 발언하는 스다 유리코

당시에는 아홉 살이었다. 이 시기는 매우 고통스런 기억으로
남아있다.

소련과 국경을 접하고 있던 가라후토는 소련의 동향에 민
감했다. 그렇지만 많은 사람들은 1941년에 일소중립조약이
체결되었으니 소련군이 진공해올 염려는 절대 없다고 믿었
다. 그러나 1945년 2월에 열린 얄타회담에서 독일 항복 후 3

개월이 지나면 소련도 대일전쟁에 참전하기로 결정되었다. 5월 8일에 유럽 전선이 종식되고, 소련은 8월 8일 일본을 향해 선전포고를 한 뒤 이튿날인 9일에 '만주국', 가라후토 남부, 조선, 치시마千島 열도(쿠릴 열도)를 향해 진격을 개시했다.

8월 15일 '옥음방송'(일본 천황이 직접 일본의 항복을 알린 방송-옮긴이)이 있었지만 유리코의 양아버지는 일본의 패전을 믿지 않는 사람들 중 하나였다. 그러나 8월 16일이 되자 소련군이 토로의 해안으로 상륙했다. 이날 새벽 "피난이다!"라고 외치던 부모님의 목소리와 화염에 둘러싸인 마을을 지금도 선명하게 기억한다.

당시 소학교 4학년이었던 유리코는 '피난'이라는 말의 뜻을 잘 알고 있었다. 그해에 학교에서는 거의 공부를 하지 않고 피난 훈련만 했기 때문이었다. 자그마한 체구의 유리코는 '부상자' 역할을 했다. 하지만 실제 피난은 훈련하던 것과는 달랐다.

토로의 주민들은 하나 둘씩 피난에 나섰다. 유리코도 양부모와 함께 '나이케이內惠 도로'를 따라서 '가라후토 동선東線'으로 남하하여 오도마리(大泊, 코르사코프)까지 간 뒤, 여기에서 어떻게든 홋카이도로 탈출할 생각이었다. 가라후토에서 홋카이도로 건너가려면 밀항선을 타는 수밖에 없었기에 격침될 수 있다는 위험을 각오하지 않으면 안 되었다.

'나이케이 도로'라 함은 나이로무라(內路村, 가스텔로)에서부터 에스토루까지의 길을 의미하는 것으로, 패전 당시 피난길에 오른 사람들 사이에서는 '죽음의 나이케이 도로'라고 불렸다. 동선과 접속하는 나이케이 도로까지는 버스도 운행이 중단되었기에 걸어서 이동할 수밖에 없었다.

소련군 비행기의 공습을 피하기 위해 밤에만 이동하고 낮에는 산속에 숨어 있었다. 하지만 벌레가 너무 많아 가만히 숨어 있을 수만은 없는 상황이어서 충분히 쉬지도 못한 채 피난이 이어졌다. 최소한의 쌀만 등에 지고 걸었는데, 밥을 짓기 위해 물가로 나가거나 불을 사용하다 적에게 발각되면 총격을 당했다. 가까스로 밥을 지어도 제대로 먹지도 못한 채 걷기를 계속했다.

때때로 전투기의 기총 소사에 노출되기도 했다. 하늘이 새까맣게 될 정도로 편대 단위가 공습을 하는 바람에 많은 사람이 목숨을 잃었다. 다행히도 유리코는 총에 맞지 않았다. 학교에서 배운 대로 엎드린 채 머리를 감싸고 있었다. 등에 업은 아이가 방패가 되어 살아남은 여성은 반쯤 미치광이가 되었다.

피난 도중에 가족과 떨어지거나 버려진 아이들과 노인들이 갈 바를 몰라 우두커니 서 있기도 했다. 어쩌다 아버지와 헤어진 것인지 보자기로 둘러싼 쌍둥이를 감싸 안은 채 헤매

패전 시의 피난에 대해 말하다

고 있는 어머니도 있었다. "그 광경은 지금도 잊히지가 않아요"라며 유리코는 비참한 피난길을 회고한다.

홋카이도로 탈출하지 못하고

며칠을 걸어 간신히 나이로의 역에 도착했다. 유리코는 이곳에서 처음으로 일본인 병사를 보고 두려움에 몸을 떨었다.

'아, 여기는 일본이지'라고 생각했다. 군대는 "아이들과 노인들만 타시오"라고 큰 소리로 말하며 피난자들을 두 그룹으로 나누었다. 남자는 기차를 타지 못하게 해서 여기에서 유리코는 양아버지와 헤어지게 되었다.

그러나 도요하라(豊原, 유즈노사할린스크) 역은 폭격을 당했기 때문에 승차한 사람들도 오타니(大谷, 소콜)에서 내려야 했다. 당분간 피난소에서 머물렀는데, 공습이 있을 때면 뒷산으로 도망쳤다. 먹을거리라고는 아침과 저녁에 주먹밥 하나씩, 여기에 연어 한 조각이 얹어지기도 했다. 마을 전체가 불길에 휩싸인 탓인지 연어는 훈제가 되어 있었다. 주먹밥과 연어를 뜨거운 물에 넣고 죽을 끓여서 먹었다.

양아버지와 헤어질 때 내린 기차역에서 다시 만나기로 했지만 그 약속을 지키지 못했다. 양아버지는 다음 기차에 올라 오도마리로 향했다. 각 역마다 가족을 찾아다녔지만 결국 찾지 못한 채 밀항선을 타고 홋카이도로 건너갔다. 홋카이도로 탈출한 친척에게 아내와 유리코의 소식을 물었지만 아무도 소식을 알지 못하자 양아버지는 다시 밀항해서 사할린으로 되돌아왔다. 이처럼 가족을 찾아 '역밀항'하는 사람들도 적지 않았다.

8월 23일 오도마리 항이 폐쇄되고 원래의 거주지로 돌아가라는 소련군의 명령이 내려졌다. 양어머니와 유리코는 집으로 돌아올 수밖에 없었다. 집으로 돌아오는 길에는 수많은 사체가 나뒹굴고 있었다.

길 한가운데로만 걸으라는 이야기를 들었지만, 피로가 쌓일 때면 걸음이 갈지자로 흔들렸다. 길 양편으로 다가서면 모기가 떼지어 날아들었고, 사체를 덮어씌운 거적 밖으로 작업용 신발과 각반이 비어져 나와 있었다. 피난길 못지않게 괴로웠던 귀로였다.

얼마 걸어가자니 소련 군인 트럭이 지나가고 있어서 얻어 탈 수 있었다. 그때 처음으로 러시아 검정빵 맛을 보았다. 군인이 준 빵은 너무 시큼해서 먹지 못할 정도였지만 총을 가지고 있기 때문에 총살당하지 않을까 무서워 억지로 입속에 넣었다. 그러나 군인들은 친절하게 그들을 안심시켜주었다.

트럭을 얻어 탈 수 있어서 돌아가는 길은 꽤 단축되었지만 그래도 한 달은 족히 걸렸다. 두 달 뒤에는 양아버지도 집으로 돌아왔다. 양아버지는 가족들이 쓰러진 것이 아닐까 하여 사체를 하나씩 확인하면서 돌아오느라 시간이 걸렸던 듯했다. 자택의 절반을 러시아인 가족이 차지하는 바람에 우스꽝스러운 살림살이가 되었지만, 온 가족이 가까스로 모두 모여 새로운 환경에서 생활할 수 있게 되었다.

사할린에 남겨지다

유리코의 친어머니는 1935년에 유리코를 임신한 채 언니 준코順子를 데리고 홋카이도의 비바이美唄에서 가라후토의 토로로 이주했다. 친아버지가 탄광 관련 일을 하게 되어 어떤 탄광의 허름한 집에서 살았으나 아버지는 집으로는 좀체 돌아오지 않았다. 같은해 유리코가 태어나자 경제적인 문제로 곤란을 겪던 어머니는 잘 아는 조선인 가정에 그녀를 맡겼다.

양아버지 김삼경은 일본에서 태어난 조선인이었다. 패전 전에는 에쓰코라 불린 양어머니는 전후가 되자 김용선이라는 이름을 사용했다. 어쩌면 일본인이었는지도 모르겠다. 둘 사이에는 아이가 없었다. 양부모의 슬하에서 다녔던 소학교에서는 '스다 유리코'라는 이름으로 통했다. 이 때문에 본인은 한동안 의식하지 못했지만 어릴 때부터 얻어온 애라고 놀림을 당해 양어머니가 매우 화냈던 것을 기억하고 있다.

양부모는 식사나 인사 예절을 엄격하게 가르쳤다. 유리코는 "일어나면 부모님께 인사하고 외출할 때는 무릎꿇고 인사, 손님이 오면 인사. 먹을 때는 자기 앞에 있는 것만 먹도록"이라고 가르침을 받았다. 그러나 이즈음엔 늘 배가 고파서 훔쳐 먹기도 했다.

양어머니와 친어머니가 서로 아는 사이였기에 양녀로 들어간 뒤에도 본가와 왕래는 있었다. 특히 친언니(준코)가 자주 놀러왔다. 유리코가 3학년 때 언니는 "사실 네가 아주머니라 부르는 사람이 친엄마이고, 네가 엄마라 부르는 사람은 아주머니란다"라고 가르쳐주었다. 기타코자와(北小澤, 텔노브스크)에 살고 있던 친어머니도 이따금 유리코의 옷을 만들어 전해주러 오곤 했다. 유리코는 사실을 알고 있었지만 두려워서 양어머니에게 언니의 말이 맞는지 물어보지 못했다.

소련군의 참전으로 인해 홋카이도로 탈출할 때도 언니가 데리러 왔지만 양부모가 화를 낼까 무서워서 유리코는 함께 가지 못했다. 그러나 여기에는 또 다른 이유도 있었다.

양부모 집안은 엄한 분위기이긴 했지만, 외동딸로 소중하게 자란 유리코에게는 자기만의 이부자리와 밥그릇이 있었다. 친어머니 집에 가면 일곱 명의 아이들이 뒤섞여 자야만 했다. 그런 생활을 견딜 수 없을 거라고 생각했다.

친가의 가족들은 다행히 토로의 해안에서 밀항선을 타고 홋카이도로 건너갈 수 있었다. 두 달 남짓 걸려서 목숨을 걸고 탈출했지만, 가까스로 도착한 삿포로에서는 귀환 증명서가 없어서 삿포로 역 구내에서 노숙하는 나날이 계속되었다. 급기야 어머니가 병으로 쓰러지자 장녀인 준코가 아기를 업고서 암거래되는 쌀을 날라주는 일 따위로 가까스로 목숨을 부지했다. 이처럼 지독한 생활 속에서도 준코는 유리코를 사할린에 남기고 온 것을 원통하게 생각하여 계속 찾아다녔다.

유리코는 본가의 가족들이 일본에 무사히 도착했으리라 믿고 양부모와 살아갔다. 소련지구미소송환협정에 의거 1946~1949년에 진행된 전기집단귀환 당시에는 양아버지가 조선인이었기 때문에 일본으로 귀환될 수 없었다.

유리코가 열네 살이 되었을 때 양부모에게서 딸이 태어났다. 유리코는 자신과 터울이 많이 지는 동생을 마치 제 딸인 양 귀하게 생각했다. 동생은 2000년대 초에 한국에 영주 귀국했지만 지금도 서로 의지하며 살아가고 있다.

철이 들면서부터 유리코는 자신이 입양아라는 생각에 몹시 괴로웠다. 엄격했던 양부모를 미워한 적도 있지만, 자신이 엄마가 되고 나서부터는 마음이 한결 편해졌다. 양부모의 엄격한 교육이 없었더라면 파란으로 가득 찬 인생을 이겨낼 수 없었을 것이라고 생각한다. 오히려 지금은 감사하는 마음이다.

조선인으로 살아가다

전전 가라후토에는 일본학교밖에 없었다. 전쟁이 끝나자 소련 사람들이 이주를 시작했다. 일본인 귀환이 아직 시작되지 않았으므로 러시아인이 일본인이 사는 집을 임대해서 함께 사는 일도 흔했다. 그리고 이미 1945년에 러시아인 이주자들을 위한 학교가 개교했다. 전전 토로에는 두 개의 소학교가 있었다. 패전 후 하나는 소련(러시아어)의 학교가 되었기에 일본인 아이들은 다른 한 곳의 학교에 모이게 되었다.

각지에 조선학교도 생겨났다. 고향에 돌아가기를 고대하던 사람들은 귀국할 때를 대비해서 아이들에게 한국어와 한국 문화를 가르치려 했다. 가라후토 시대에 일본 학교를 다녔던 아이들은 한국어보다 일본어에 익숙해 있었다.

남사할린의 경우, 1949년 일본인 귀환이 끝날 때까지 일본 학교가 운영되었지만, 토로의 경우 1946년에 일본인이 거의 사라지면서 학교는 폐교되었다. 여기에 조선학교가 개교했다. 조선인은 물론 일본인 아이들 중 일부도 조선 학교에 다녔다.

유리코의 학년은 패전하던 해에 거의 공부를 할 수 없었기 때문에 4학년 공부를 다시 한 번 했다. 조선학교가 생기고부터는 유리코를 비롯한 많은 동급생들도 조선학교에 다녔다.

조선학교 6학년 무렵

조선학교에서는 조선식 이름을 사용해야 했다. 대개는 일본 이름을 그대로 한국어로 읽으면 되었지만, 유리코의 경우 세 글자의 한자를 사용했기 때문에 한국어식으로 읽기에는 무리가 따랐다. 결국 언니 준코順子의 이름에서 한 글자를 따와서 순애順愛라는 이름을 사용했다. 김순애라는 이름이 익숙지 않아서 처음에는 이름이 불리는 것을 알아차리지 못하곤 했다.

유리코의 양아버지는 조선인이지만 일본에서 태어났으므로 조선으로 돌아가려는 생각이 그다지 크지 않았다. 전전부터 한국어는 거의 사용하지 않았다. 일본학교가 조선학교로 바뀌자 가정에서 한국어를 쓰지 않았던 유리코 같은 아이들은 무척 곤란한 상황에 처했다.

유리코 역시 한국어를 한마디도 할 수 없었지만 지는 게 싫어서 필사적으로 공부했다. 제대로 배우겠다고 결심한 유리코는 3년 만에 한국어를 습득하고 우수한 성적으로 학교를 졸업했다. 조선학교의 교사들은 가정에서는 가능하면 한국어를 쓰라고 지도했기 때문에 유리코 역시 집에서는 일본어와 한국어를 반반씩 섞어 사용했다. 일본에 귀국할 때까지 일기도 한글로 썼다.

교사들은 한국어와 일반 과목을 한국어로 가르쳤지만, 교사 자신도 한국어로 수업을 받은 적이 없어서 많은 문제점을 안고 있었다. 최종 학년이 되자 중국에서 고려인 교사가 왔다. 여기에 발맞추어 러시아어 수업도 시작되었다.

유리코의 경우 러시아어는 부크바리(가나다라)밖에 알지 못했다. 조선학교는 7학년까지만 있어서 공부를 계속하려면 러시아어로 공부하는 일반 고등학교로 진학해야 했다. 고교에 진학한 동급생도 있었지만 대부분 경제적 사정 때문에 남학

소학교 6학년 무렵의 사진

생에게는 '취업', 여학생에게는 '결혼'이라는 '길'이 놓여 있
었다.

결혼과 육아

　제2차 세계대전 중 일본은 조선인 노동자를 강제동원하여
많은 조선인이 탄광노동 등에 종사했다. 그들은 대부분 남성

이었고 전쟁이 끝난 뒤에도 조선반도로 돌아갈 수 없었기 때문에, 전후 사할린에는 조선인 총각은 물론 독신이 된 기혼 남성도 많았다.

이들은 전시 중에는 탄광에서 일했기 때문에 돈도 있으니 괜찮은 결혼 상대라는 이유로 결혼 적령기 딸이 있는 부모들에게 인기가 있었다. 전후의 혼란 속에서 이 같은 결혼이 유행처럼 번졌고, 가족을 부양하기 위해 젊은 여성이 연상의 조선인에게 시집가는 일도 드물지 않았다.

유리코도 비슷한 이유에서 결혼한 셈인데, 그녀는 엄격한 집안에서 벗어나고 싶은 마음에 결혼하는 것도 괜찮겠다고 생각했다.

그러나 생활 환경이 좋아질 리 만무했다. 남편의 가족은 조선에서 유서 있는 집안이라 하여 결혼 상대인 '김순애'를 순수한 조선 여성이라고 믿고 있었다. 그녀가 일본인이라는 사실을 나중에 알게 된 시댁 사람들은 이민족과의 결혼은 허락할 수 없다고 했다.

남편은 점점 폭력을 휘두르기 시작했다. 조선인으로 자라고 조선학교를 졸업한 유리코로서는 납득할 수 없는 일이었다. 장남이 태어났지만 일본인의 피가 흐르고 있다는 이유로 남편에게 폭력을 당했다. 장녀와 차남, 차녀가 태어난 뒤로는 약간 안정되었지만 폭력이 멈추지는 않았다. 그러던 중

세 살이 된 장남이 온몸에 원인을 알 수 없는 피부병을 앓게 되었다.

샤흐툐르스크에는 좋은 병원이 없어서 의료 설비가 잘 갖춰진 유즈노사할린스크의 시립병원에 아이를 입원시키기 위해 큰맘 먹고 이사하기로 결심했다. 그때 양부모와 동생(김열자)도 함께 데려갔다. 1956년의 일이었다.

하지만 장남의 병은 좋아질 기미가 없었고 유즈노사할린스크 시립병원에서도 치료를 할 방도가 없었다. 그리하여 시립병원에서 나와 대륙에 있는 하바롭스크의 병원에 입원했다. 유리코는 유즈노사할린스크에 있는 가족과 하바롭스크에 입원해 있는 아들 사이를 오가며 두 집 살림을 해야 했다.

1957~1959년까지 실시된 후기집단귀환 시기에는 일본 대사관에 탄원서를 보내 가족 전원의 귀국 허가를 받았기 때문에 일본으로 돌아가는 일도 가능해졌다. 그러나 중병에 걸려 생사의 갈림길에 놓여 있는 장남을 데리고 가는 것이 불가능해서 귀국을 단념할 수밖에 없었다.

1960년 2월에 남편이 간질환으로 세상을 떠났다. 그로부터 한 달 뒤 셋째 아들이 태어났다. 같은 해 7월에는 병석에 있던 아홉 살의 장남도 세상을 떠났다. 양부모마저 병석에 눕게 되자, 그 중압감이 아직 서른 살도 안 된 유리코를 짓눌렀다. 죽으면 얼마나 편할까 하고 생각할 정도로 괴로운 시기였다. 호수에 뛰어들 작정을 하고 벼랑에 섰다가 무서워서 되돌아서기도 했다.

남편이 죽고 나서 얼마 동안은 저금을 깨서 생활하며 굶주림을 이겨내는 나날이 계속되었다. 막다른 지경에 몰린 유리코는 아홉 달 된 아기를 다섯 살짜리 장녀에게 맡기고 일을 시작하는 수밖에 없었다. 일자리를 얻은 곳은 봉제 공장이었다. 이때부터 유리코는 30년 동안 쉬지 않고 일해, 오랫동안 근속한 우수한 노동자에게 주는 '근속공로기장' 훈장을 받기도 했다.

병환으로 자리보전을 하던 양부모는 유리코 자매가 정성껏 간병한 보람도 없이, 양아버지는 1964년에, 양어머니는 1965년에 차례로 돌아가셨다. 잇따라 발생한 가족들의 불행 속에 짓눌린 채 살아가던 유리코에게 1974년 놀라운 사건이 일어났다. 사할린을 방문한 언니 준코와 29년 만에 재회하게 된 것이다.

언니의 잃어버릴 수 없었던 애정

일본 사회당은 1970년부터 매년 사할린에 우호친선대표단을 파견하고 있었다. 1974년 준코가 대표단에 참여하게 되어 유리코와 재회할 수 있었던 것이다. 자매가 함께 산 적은 없었지만 준코는 항상 유리코 생각을 하고 있었다.

1960년대 들어 유리코는 가족을 찾으려는 일념으로 주소를 삿포로 시라고만 쓰고 어머니와 언니, 동생 이름을 적어 편지를 보냈다. 다행히도 이 편지가 소라치宗知 관내에 살고 있던 언니에게 도착했다. 유리코는 전전 사할린에 살 때 언니로부터 "엄마 이름만은 확실히 기억해둬"라는 이야기를 들었다. 언니 준코 역시 사할린에 남겨진 여동생에 대한 이야기를 관청에 알려놨다. 이 같은 자매의 생각이 기적적으로 두 사람을 이어지게 한 것이다.

언니와 만난 후 유리코는 어떻게 해서든 어머니 목소리만이라도 듣고 싶다는 생각이 간절했다. 자신을 입양 보낸 어머니를 원망한 적도 있었지만, 가혹한 환경에서 아이들을 키워온 유리코는 어머니를 이해할 수 있었다. 냉전 시대에는 국제전화 요금이 비싸 전화를 쉽사리 할 수 없는 상황이었지만 유리코는 어머니에게 전화를 걸었다.

전화 건너편의 어머니 목소리를 들은 유리코는 그때까지 켜켜이 쌓인 심정을 내뱉으려는 듯 이야기를 쏟아냈다. 짧은 시간에 많은 이야기를 하고 싶었을 것이다. 하지만 어머니는 "미안해, 미안해"라고만 되풀이할 뿐이었다.

어머니를 생각하는 유리코의 마음은 그리움으로 충만해 있었다. 1980년대에는 소련도 페레스트로이카(개혁개방) 시대에 들어서게 되어 일본으로 일시 귀국하는 길도 차츰 열렸다. 삿포로에 거주하는 남편의 어린 시절 친구의 초청으로 복잡한 수속을 마치고 유리코의 일시 귀국이 실현된 것은 1989년 가을이었다. 그런데 두 달만 있으면 유리코가 일본 땅을 밟게 될 터인데 어머니가 끝내 딸을 기다리지 못하고 타계했다. 이 '뒤늦은 재회'는 귀국자의 비극을 상징하는 이야기로 방송 프로그램 제목이 되어 시청자의 눈시울을 적시기도 했다.

무국적에서 소련 국적으로

1974년 언니의 소련 방문은 유리코의 인생에 두 가지 큰 영향을 끼쳤다. 소련 국적 취득과 가와모토 미치오河本美知男와의 결혼이다.

유리코는 1970년대까지 무국적 상태였다. 조선인이나 그의 배우자가 된 일본인의 사할린 잔류가 길어지자 이들의 시민적 권리 문제가 거론되었다. 소련 정부는 1952년에 각료회의의 결의를 통해 소련 국적을 인정하기로 하고 문제 해결을 모색했다.

그러나 조국으로 귀환을 바라던 조선인들은 소련 국적을 취득하는 데에는 신중한 태도를 보여서 1950년대까지는 소수만 이에 참여했다. 또한 국적 취득이라는 문제는 사할린 잔류자와 귀국자 사이에 다양한 사례가 존재한다. 초기에 소련 국적을 취득하도록 권유받은 사람이 있는가 하면, 신청을 한 뒤에도 쉽사리 허가가 나지 않는 사람도 있다. 유리코의 경우 몇 차례나 신청했지만 거절당한 경우다.

1974년에 언니 준코가 사할린을 방문한 것을 당시 열네 살이었던 유리코의 셋째 아들은 민감하게 의식하고 있었다. 결국 학교에서 사고를 쳤다. 시험에서 백지 답안지를 제출해서 교사들한테 추궁을 당하자 "나는 이모가 살고 있는 일본으로 갈 거라서 여기에서 공부 안 해도 돼요"라고 대답했다. 학교의 호출을 받은 유리코는 "당신의 교육은 잘못되었소. 그러한 대답은 다른 학생들에게도 영향을 주게 되오. 국가공안위원회에 제소할 거요"라고 힐난받았다.

이즈음 사할린에서는 한국으로의 귀환을 요구하던 사람들이 북조선으로 강제 추방되는 사건이 이어지고 있었다. 주변에도 추방된 사람이 있어서 유리코는 두려움에 밤잠을 설쳤다. 그렇게 되지 않기 위해서는 소련 국적을 취득해야겠다고 마음먹었다.

유리코의 직장에서 오빌(출입국관리사무소)도 참가하는 회의가 열려 자식의 답변과 유리코의 교육 방법이 도마 위에 올랐다. "아주 열심히 일하면서 혼자 네 명의 아이를 기르고 있습니다. 아무런 문제도 없어요"라고 직장 사람들이 감싸주었다. 여기에서 유리코는 용기를 내 "무국적인 내 자식은 여기에 있어도 장래가 없기 때문에 그 같은 이야기를 하는 것입니다"라고 발언했다. "그렇다면 서둘러 소련 국적을 신청해 주십시오"라는 말을 듣고 국적 문제는 일단락되었다.

실제로는 가족 전원의 소련 국적이 인정되기까지 4년이 걸렸다. 가족은 차례로 소련 국적을 취득했지만, 아들들은 여권을 받은 그날로 병역에 복무해야 했다. 바로 그 시기에 소련군이 아프가니스탄에 군사 침략(1979)을 감행했다. 유리코에게는 잠 못 이루는 밤이 이어졌다.

사할린을 방문한 언니는 귀국할 때 "일본에 돌아갈 일을 염두에 두고, 재혼하더라도 일본인끼리"라는 말을 유리코에게 했다. 언니의 충고 때문이었는지 모르지만 실제로 그렇게 되었다. 아이들이 성장하여 한 사람씩 독립하면서 유리코는 일본인 잔류자인 가와모토 미치오와 결혼했다. 둘 다 재혼이어서 그런지 서로 의지하면서 1996년에 미치오가 세상을 떠날 때까지 함께 살았다.

미치오는 큰 잡화점의 부지점장이었다. 1991년에 간 수술을 받고 나서 퇴직한 뒤에는 사할린일본인회의의 부회장으로 일했다. 사할린 잔류 일본인의 일시 귀국을 실현하기 위해 부부가 함께 자원봉사자로 활동했다. 그 뒤 부부는 함께 일시 귀국하여, 영주 귀국 계획도 세우지만 남편의 죽음으로 인해 부부가 함께 귀국하려던 꿈은 이루지 못했다.

너무나도 힘들었던 영주 귀국

1945년 8월 패전 당시 홋카이도로 귀환되지 못하고 1946~1949년에 있었던 전기집단귀환 대상에도 포함되지 못했던 유리코는 일소공동선언에 의한 1957~1959년의 후기집단귀환에서도 장남의 병 때문에 기회를 놓쳤다. 그로부터 30년이 지난 1980년대에 비로소 일시 귀국의 길이 열려 유리코도 1989년에 일시 귀국을 할 수 있었다.

이때부터 유리코는 영주 귀국까지 고려하게 되는데 그것은 결코 간단하지 않았다. 우선 호적을 회복해야 했다. 하지만 패전시의 혼란과 가정 사정으로 유리코의 호적을 확인할 수 있는 것은 하나도 남아 있지 않았다. 소련 국적을 취득한 경우, 자신의 의사에 의해 일본 국적을 이탈한 것으로 간주되었다. 애당초 사할린 재주 일본인은 없다는 것이 일본 정부의 공식 입장이었다.

유리코는 사할린동포교류협회의 지원을 받아 국비에 의한 일시 귀국 프로그램을 이용하여 수시로 일본을 방문하면서 일본 국적을 취득하기 위해 분주하게 행동했다. 그리고 네 번째로 일시 귀국했을 때 삿포로 가정재판소 다키카와瀧川 지부에 일본 국적 회복을 신청하여 1993년 7월에 승인을 받는다. 러시아 국적의 잔류 일본인이 일본 국적을 회복한 것은 유리코가 세 번째였지만, 일본에 호적이 없는 경우로는 처음으로 인정받은 것이다.

이 사건은 "자신이 살아 있는 동안에 유리코의 취적을 이루고 싶다"는 언니 준코의 열의가 통한 결과이기도 했다. 준코는 오래전 동생의 수속을 위해 귀환증명서(귀환자의 귀환 전 직업이나 상륙일이 기재되어 있어, 원호나 호적 등록시에 필요함)를 가지고 시청에서 호적을 등록할 때 사할린에 남겨진 유리코도 함께 기재하려 했다. 그러나 "귀환증명서에 이름이 없고 생사불명인 사람을 호적에 올릴 수는 없다"고 거절당했다. 사망증명서라면 내줄 수 있다는 이야기를 들었지만 살아 있는 동생을 죽은 것으로 한다는 것은 언어도단이나 다름없었다. 그때 느꼈던 분노 때문에 준코는 어떤 일이 있더라도 유리코의 호적을 회복해주리라고 생각해왔던 것이다.

이리하여 1994년에는 영주 귀국 준비가 갖춰지지만 가족의 불행이 이어지면서 연기되었다. 장녀 류바는 1994년에 삿포로의 일본어 학교에 다니게 되었다. 형제들 중에서 공부를 가장 좋아했던 류바는 직장 일과 두 아이의 양육을 함께 하면서 대학을 졸업했다. 삿포로 유학 중에는 성적이 뛰어나 같은 해 4월부터 홋카이도청의 사할린 사무소에서 일하기 시작했다. 그런데 사흘 만에 쓰러져 병원에 입원했다. 그리고 겨우 한 달 뒤 온몸에 암이 전이되어 갑자기 세상을 떠났다.

그 뒤 1996년 3월에 영주 귀국을 예정하고 있었으나 이번에는 남편 미치오가 예정일을 한 달 앞두고 타계했다. 이리하여 유리코는 같은 해 가을에 차남과 삼남 가족을 데리고 일본으로 영주 귀국했다. 차녀인 카챠와 그 아이들은 일본 생활을 시도해보았지만 결국 사할린에 남기로 결정했다. 유리코는 장녀의 남겨진 아이들도 일본으로 불러 직접 키웠다.

하나가 된 가족과 언어

유리코는 1946년까지 일본학교를 다녔고 집에서는 일본어만 사용했다. 그 뒤에는 조선학교에 다니게 되어 조선인 커뮤니티 속에 휩쓸렸고 결혼 상대 역시 조선인이었다. 이후로는 거의 한국어만을 사용해왔다. 그녀의 아이들이 학령기가 되자 조선학교는 폐교되어 러시아학교에 다니게 되었다. 그 당시에는 여전히 아이들과 한국어로 말하고 있었지만 학교 교사에게서 가능한 한 집에서도 러시아어를 쓰라는 지시를 받았다. 자신이 어렸을 때와 마찬가지로 아이들 역시 언어 환경을 바꾸게 되었다.

아이들은 러시아어 회화나 읽기 쓰기는 빨리 습득했다. 유리코는 직장에서 러시아어를 사용했지만 아이들과의 소통을 위해서나 공부를 돌봐주기 위해서는 이 상태로는 부족하다고 생각했다. 그래서 아이들이 도서관에서 빌려온 잡지나 책을 탐독했다. 특히 코난 도일이나 알렉상드르 뒤마 같은 외국인 작가의 번역서는 재미있고 러시아어도 알기 쉬웠다. 그러나 아이들의 읽는 속도를 따라갈 수 없어서 늘 읽는 도중에 반납 기한이 돌아왔다.

유리코의 아이들은 학교를 졸업하고 병역에 복무하고 대학에 진학하는 과정에서 러시아어를 모어처럼 사용할 수 있게 되었다. 유리코의 러시아어도 향상되었지만, 머릿속에 있는 것을 아이들에게 러시아어로 완벽히 전할 수 없다는 점에서는 초조함을 느낀다.

일본에 영주 귀국한 후 그녀의 아이들은 일본어 공부에도 노력을 기울여 유창하게 말할 수 있게 되었지만 세세한 감정까지 전달하기에는 어딘가 어색했다. 이번에는 손자들이 학교에서 가능하면 집에서도 일본어를 쓰라는 이야기를 들었다. 손자들에게 가장 필요한 언어는 일본어다. 유리코는 인생을 통틀어 가정 내 언어가 세 번이나 바뀌었다며 탄식했다. 그리고 "손자 세대에 이르러 비로소 온가족이 같은 언어로 이야기하게 되었다"고 진지하게 말했다.

손자 둘은 대학에서 러시아어를 전공했다. 자식들은 일본어 공부에 매진하고, 손자들은 러시아어를 전공하는 등 모두 항상 열심히 공부하고 있다. 유리코 역시 젊은 세대에 뒤지지 않으려 한다. 일본어 교사도 하고, 러시아어 통번역도 하고 한국 출장까지 다니면서 유리코는 늘 언어 능력을 향상시키기 위해 힘쓰고 있다.

　일본어 책을 읽거나 일기를 쓰는 것도 그 때문이다. 또한 러시아에 가면 러시아어 교과서나 책을 사와서 조금이라도 시간이 날 때면 훑어보곤 한다.

　귀국자의 생활을 좀 더 개선하기 위해 자신의 경험, 언어 능력, 체력을 다해 달려온 스다 유리코는 2015년 10월에 여든 살이 되었다. 그녀는 앞으로도 체력이 허락하는 한 젊은 세대를 뒷받침해주고 싶다고 한다.

4장

세 가지 문화 속에서
아이들을 키우는 귀국 3세

가가야 미카, 한 빅토리아

한 살 생일을 축하하는 '돌'

데니스는 2015년 6월에 한 살 생일을 맞았다. 한국 문화에서는 이 생일을 돌이라고 해서 성대하게 축하한다. 아이의 장래를 점치는 '돌잡이'에서 데니스가 잡은 것은 펜이었다. 돈을 쥐면 부자가 되고, 실을 쥐면 장수하게 된단다. 사할린이나 중앙아시아의 우즈베키스탄에서 서둘러 도착한 조부모들은 손자가 장래 학자가 될 거라며 매우 기뻐했다.

돌잔치가 열린 곳은 삿포로다. 데니스의 어머니 가가야 미카加賀谷美花는 사할린국립대학 재학 중이던 2003년에 일본인 할머니와 어머니, 두 아이 이렇게 네 사람이 일본으로 귀국했다. 2009년에 우즈베키스탄 출신 고려인 지마와 결혼해서 지금은 두 아이의 엄마다. 데니스에게는 세 살 많은 누나 미레이가 있다.

이날 데니스의 돌잔치를 열어준 이는 미카의 친할머니 김영순이다. 사할린 마카로프에 사는 김영순은 일본에 영주하게 된 손자의 결혼식이나 증손자의 생일에는 꼭 찾아와 한국의 전통을 전한다.

미카의 남편인 리 지마의 양친도 뒤지지 않는다. 손자의 백일이나 돌에는 멀리 우즈베키스탄에서 찾아와 지역 요리인 플롭을 만들어 대접한다. 데니스의 누나 미레이의 돌도 마찬가지로 성대하게 치렀다.

데니스의 돌잔치에는 사할린이나 우즈베키스탄 외에 한국에서도 친척이나 친구들이 찾아왔다. 일본에서도 홋카이도 내의 삿포로, 하코다테는 물론 도쿄에 사는 가족들까지 모였다. 일본인, 한국인, 리투아니아인, 러시아인 등 다양한 국가의 사람들이 춤을 추고 게임을 하면서 러시아어, 한국어, 일본어로 이야기꽃을 피웠다.

할머니 가가야 나리코의 사연

이처럼 다국적·다언어 가족이 일본에 모이게 된 것은 2007년에 세상을 떠난 미카의 외할머니 가가야 나리코加賀谷成子 덕분이다.

돌잡이에서 펜을 쥔
미카의 아들 데니스
(가가야 미카 제공)

가가야 나리코는 1931년에 가라후토 시대의 시루토루(知
取, 마카로프)에서 태어났다. 나리코의 부모님은 일본 아키타秋
田에서 사할린으로 이주했는데, 아버지는 이발소를 운영했다
고 한다. 그러나 나리코는 아버지에 대한 기억이 거의 없다.
나리코는 어릴 때 부모님을 잃고 언니 손에서 자랐다. 나리코
는 시루토루 고등소학교 고등과 2년을 졸업하고 철도 관련
일을 하거나 건축 사무소에서 수위로 일했다.

패전 후 언니와 싸운 뒤 집을 나온 나리코는 일본인들이

귀환되던 시기에 가족과 함께 일본으로 돌아오지 못했던 것 같다. 1948년 조선인 성정호와 결혼하여 아이 셋을 낳았다. 1950년대 후반 일소공동선언에 따른 후기집단귀환에서는 조선인 가족 동반 귀국이 가능해서 1958년 가을 바흐루셰브(泊岸, 도마리기)의 출입국관리사무소에 귀국 탄원서를 제출한 뒤 허가를 얻었다. 1959년에 귀국할 예정이었지만 병을 앓고 있던 남편의 상태가 많이 안 좋아져서 귀국을 포기했다. 남편은 이듬해인 1960년에 타계했다.

1961년 나리코는 박채성이라는 조선인 남성과 재혼하여 또 두 아이를 낳았다. 그중 하나가 미카의 어머니 월순이다. 1965년 가가야 나리코에게 또 한 번 귀국 허가가 내려졌지만 남편이 북조선 국적이었기 때문에 일본 입국이 허용되지 않았다. 나리코는 또다시 귀국을 단념해야만 했다.

미카의 기억 속 할머니는 아주 자상한 분으로 마카로프에서 늘 밭일을 하고 있었다. 미카는 마카로프에서 태어났지만 열 살 때 유즈노사할린스크로 이사했다. 미카는 할머니 계신 곳으로 놀러 가는 것이 참 좋았다. 할머니 집에서 놀거나 밭일을 도왔다. 남편이 조선인이었기 때문에 나리코는 첫 남편과 결혼하면서 얻게 된 조선식 이름인 '성선자'를 계속 사용했다. 그러나 평소에 가가야 나리코라는 일본 이름도 사용해서 그녀가 일본인이라는 것은 모두가 알고 있었다. 미카도 그

것을 아주 당연하게 생각했다. 주위에는 일본인도 많아 가끔씩 모이곤 했다. 할머니는 일본어, 한국어, 러시아어 모두에 능통했다. 미카와는 러시아어로 말했지만 딸들과 대화할 때에는 일본어와 한국어를 섞었다.

1980년대 후반이 되자 일본에서 온 방문자를 자주 볼 수 있었다. 미카와 마을 아이들은 그들을 "야폰츠이(일본인)! 야폰츠이"라고 부르며 일본 과자를 받아서 맛있게 먹곤 했다. 그때부터 할머니도 사할린 일본인회의 활동에 참여하여 일시 귀국했다.

사할린의 생활과 귀국 결심

미카의 어머니 월순은 1962년에 밑에서 두 번째 아이로 태어났다. 월순은 열아홉 살 때 미카의 아버지가 되는 조선인 한성범과 결혼했다. 둘 사이에서 장녀 미카와 차녀 유미由美가 태어났다. 사할린에서는 각각 한 빅토리아, 한성희(러시아 이름으로는 통칭 따냐)라고 불렸다.

미카의 아버지 한성범의 어머니가 김영순이다. 한성범은 1961년생이다. 1936년에 태어난 할머니는 1941년에 가족을 따라 한국에서 사할린으로 이주했다. 강제동원된 것은 아니고 일거리를 찾아서 온가족이 사할린으로 건너오게 된 것이다. 전후 귀국할 수 없었던 할머니는 조선인 남성과 결혼하여 사할린에서 죽 살아왔다.

2000년 이후 할머니 영순은 한국으로 영주 귀국이 가능해졌지만 남편은 이미 세상을 떠난 뒤였다. 자식 세대를 동반하는 것이 인정되지 않았으므로 2인 1실인 집의 룸메이트를 구해야 했다. 그러려면 형제나 친구를 찾거나 아니면 재혼을 해야 했다. 이도 저도 불가능할 경우에는 전혀 모르는 타인끼리 함께 살아야 한다. 몇 차례의 일시 귀국 경험이 있던 할머니는 한국이 아주 마음에 들었지만, 모르는 사람과 함께 귀국하는 것보다는 자식, 손자들과 더불어 사할린에서 사는 것이 낫다고 생각했다.

미카의 친가 쪽에서는 한국의 전통을 지키면서 한국어를 사용하고 있었다. 미카는 러시아어를 쓰며 자랐지만 한국 문화에도 친숙했다. 1982년에 태어난 그녀는 1999년에 블라디보스토크에 있는 극동국립대학(현 러시아 극동연방종합대학)에 입학한 뒤 2001년에 사할린국립대학으로 편입했다. 공부하는 것이 너무 재미있었고 친구들도 많았던 그녀는 자신의 장래를 고민할 때 러시아 사회 외에는 생각해 보지 않았다. 이같은 그녀에게 일본으로 귀국한다는 말은 '아닌 밤중에 홍두깨'와 같은 것이었다.

몇 차례 일본에 일시 귀국을 했던 할머니 가가야 나리코는 영주 귀국을 하고 싶다는 생각이 차츰 커져갔다. 사이좋게 지내던 주위 사람들이 하나 둘씩 없어지면서 마음이 쓸쓸해진 나리코는 영주 귀국 생각이 간절했다. 수시로 몸 상태가 나빠져 입원하기 일쑤였던 그녀는 가능하면 빨리 일본으로 돌아가리라고 결심했다.

그러나 혼자 귀국할 수는 없었다. 남편을 여읜 나리코는 자식 중 누군가를 데리고 가고 싶었다. 이때 영주 귀국의 동반 가족으로 선택된 것이 미카의 어머니 월순이었다.

월순은 2001년에 미카의 아버지와 이혼했다. 월순에게 일본으로 간다는 것은 새로운 출발이었다. 당시 열 살이었던 차녀 성희를 위해서도 일본은 좋은 환경이 되어줄 것이라고 생각했다. 어렸던 성희는 일본에 가는 것에 대한 거부감이 없었다. 그러나 대학 생활을 만끽하고 있던 장녀 미카는 일본에 갈 생각이 없었다. 월순은 온가족이 함께 가지 않는다면 자신도 가지 않겠다고 결심했다.

미카는 귀국 이야기를 들었을 때 그다지 마음이 내키지 않아서 아버지와 러시아에서 살면서 대학을 졸업하려고 생각했다. 그러나 할머니의 건강 문제도 걸려 있는 상황에서 귀국이 자신의 결의에 달려 있다는 것을 알게 되자 미카는 대학을 휴학하고 할머니의 영주 귀국에 동반하기로 결정했다. '힘들면 사할린으로 돌아오면 돼. 어쨌든 한번 가보자.' 이렇게 생각한 미카는 가족과 함께 일본으로 떠났다.

미지의 세계로 간 네 여성

이렇게 해서 2003년에 가가야 나리코, 그녀의 딸과 두 손
녀, 이렇게 네 여성은 일본으로 귀국하여 미지의 세계에서 새
로운 생활을 시작했다.

이들은 2003년 6~9월까지 사이타마 현 도코로자와 시에
있는 중국귀국자정착촉진센터에서 생활했다. 외할머니의 성
을 따라 온가족은 가가야라는 성을 썼고, 월순은 히토미瞳, 성
희 역시 유미라는 일본 이름을 갖게 되었다. 미카란 이름도
이때부터 사용한 것이다. '빅토리아'라는 러시아 이름의 약칭
이 '비카'여서 그 발음을 따서 만든 이름이다.

미카에게 도코로자와 생활은 그다지 즐겁지는 않았다. 무
엇보다 더위를 참기 힘들었다. 그러나 처음 맞이한 일본은 놀
라움으로 가득했는데, 주말에 방문한 도쿄의 시가지가 무척
마음에 들었다. 일본어 수업이 매일 있어서 이런저런 일로 바
쁘게 지내는 동안 3개월이 흘러갔다. 입소하고 나서 3개월
뒤에는 일본에서 생활할 장소를 선택해야만 했다.

몇 번 일시 귀국을 했던 할머니는 하코다테를 매우 마음에
들어했다. 조용하고 깨끗할 뿐만 아니라 오랫동안 살았던 러
시아와도 옛날부터 인연이 있기 때문이다. 일시 귀국해서 하
코다테를 방문했을 때 알게 된 나라 가즈아키奈良一昭가 "하
코다테에 오면 이것저것 도와드릴 테니 여기로 와요"라고 말

하면서 신원 보증인이 되어주었다. 10월 1일에 가까스로 일가는 하코다테에 정착했다. 도코로자와에서는 휠체어 생활을 했던 할머니는 하코다테에 정착하자마자 건강을 회복하여 휠체어는 필요 없다며 스스로 걷기 시작했다.

그러나 미카의 마음은 할머니와 달랐다. 하코다테에 도착했을 때 비가 내리고 있었고 시간도 늦었다. '어둡고 추운데다가 너무 작은 동네인데. 왜 여기에 왔지?'라며 미카는 낙심했다. 지금은 하코다테를 아주 좋아하게 되었지만, 처음에는 하코다테를 정한 것이 큰 잘못이라고 생각했다. 젊은 세대의 귀국자나 외국인이 적었고, 일본어를 공부하는 것도 친구를 사귀는 일도 쉽지 않았던 것이다.

그러나 실망하고만 있을 수 없었다. 스물한 살의 미카는 자립해서 생활하기 위해서 일본어를 빨리 배워야 했다. 하코다테에는 귀국자가 일본어를 배울 수 있는 장소가 별로 없었다. 미카는 자원봉사자가 가르쳐주는 일본어 교실에 주 1회 나갔지만, 그것만으로는 너무 부족했다.

소학교 5학년이 된 동생 유미는 자연스럽게 일본어를 말할 수 있게 되었다. 유미의 언니가 일본어 습득에 곤란을 겪고 있다는 것을 알게 된 교감 선생님이 오전 중에 오면 일본어를 가르쳐주겠다고 했다. 또한 홋카이도교육대학(하코다테 캠퍼스)의 유학생과 함께 수업을 들을 수 있도록 주선해주었다.

일본에 도착한 가가
야 나리코와 미카
(가가야 미카 제공)

미카 역시 순식간에 일본어가 능통해지고 친구도 생겼다.

일본에 온 뒤 1년이 지나자 미카는 원래 계획대로 일단 사할린으로 돌아갔다. 오랜만에 방문한 사할린에서 아주 즐거운 시간을 보냈지만, 일본에서 좀 더 열심히 해볼까 하는 생각이 들었다. 게다가 가족을 돌보기 위해서라도 하코다테로 돌아와야 했다.

하코다테에서 생활하면서 건강을 완전히 회복한 할머니는 아오모리青森에 사는 오빠나 언니를 혼자 만나러 가곤 했다.

사할린에 남아 있는 자식들의 집도 방문하고 싶었지만, 건강 때문에 장거리 여행은 안심할 수 없었다.

할머니의 죽음과 새로운 가족

하코다테 생활이 안정을 찾아가면서 활기 넘치던 미카는 무언가 아쉬움을 느꼈다. 어느 정도 일본어를 할 수 있게 되었으니 작은 일이라도 해야겠다고 생각했다.

그즈음 대형 장비를 이용하여 대형 토목공사나 폐자재 운반에 관여하는, 오타루 소재의 '스기모토 운수'라는 회사가 러시아어 통역자를 구하고 있었다. 이 회사는 사할린 남부 코르사코프스키 지구에 원유와 가스 파이프라인을 건설하는 데 필요한 크레인 차량 등을 수출하는 중이었다. 미카의 일본어를 높이 평가한 일본유라시아협회 하코다테 지부가 이 회사에서 일해보지 않겠느냐고 권유했다.

2005년 미카는 스기모토 운수에서 일하기 위해 가족과 떨어져 홀로 오타루로 이사하기로 했다. 불안한 마음이 없지는 않았지만, 새로운 경험을 한다는 생각에 마음이 설레었다. 통역을 위해 입사했지만 통역보다는 사무 업무가 많았다. 일본어와 러시아어를 좀 더 활용하고 싶다고 생각한 미카는 1년 뒤 게를 수입, 가공 판매하는 '히로기획'이라는 회사로 옮겼다. 이 회사에서 일할 때는 러시아어를 주로 썼다.

두 회사에서 일한 것이 아주 좋은 경험이긴 했지만 미카는 자신에게 좀 더 맞는 일을 찾고 싶었다. 중단했던 학업을 계속하고 싶다는 생각에 2008년에 삿포로에 있는 비즈니스 전문학교의 여행과에 입학했다. 삿포로 생활이 시작되었다.

2007년 7월 미카가 오타루에서 혼자 생활하고 있을 때 갑자기 할머니가 쓰러졌다는 소식을 들었다. 쓰러진 뒤 의식불명이 된 할머니는 한 달 뒤에 돌아가셨다. 사할린이나 아오모리에서 가족들이 병문안을 왔지만 의식을 회복하지 못한 채 세상을 떠났다.

자신들을 일본으로 데려온 할머니를 잃게 된 가가야 일가는 슬픔에 잠겼다. 영주 귀국한 뒤 4년 만의 일이었다. 그리 길지 않은 시간이었지만 귀국한 뒤로는 건강을 회복하여 형제들과도 만날 수 있었던 할머니를 생각하면 가족들은 귀국하기를 잘했다고 확신한다.

그러다 미카에게도 행복한 일이 일어났다. 나중에 남편이 되는 지마와 만난 것이다. 2007년 우즈베키스탄에서 일본으로 온 지마는 중국에서 유학을 하고 나서 숙부의 회사에서 일하기 위해 삿포로에 왔다. 지마의 숙부는 우즈베키스탄의 고려인 어머니와 사할린 출신의 조선인 아버지 사이에서 태어났다. 극동국립대학에서 일본어를 전공한 뒤 일본에서 취직한 숙부는 그 뒤 독립하여 어업 관계 회사를 설립하고 조

왼쪽부터 유미, 히토미, 나리코, 미카(가가야 미카 제공)

카 지마를 불러들인 것이다.

홋카이도에는 자이니치, 즉 재일 조선인과는 다른 '러시아 조선인'의 세계가 있다. 주로 귀국자의 가족이나 사할린 혹은 극동에서 온 사업가들이 모이는 커뮤니티다. 소박한 모임이기 때문에 홋카이도에 사는 러시아 출신 조선인은 여기에서 쉽사리 친해진다. 2008년 봄에 미카와 지마가 만난 것도 이 모임에서였다. 두 사람은 2009년 6월에 결혼했다.

중층적인 정체성을 지닌 채 살다

사할린 귀국자는 조선·한국, 일본, 러시아의 다층적 정체성을 지니고 있다. 세대, 잔류 기간, 귀국 연령, 결혼 상대에 따라서 각각의 정체성 중에서 특정한 부분이 현저하게 나타나게 되는 것이다.

열 살에 귀국한 미카의 동생 유미는 일본 학교를 다녔다. 대학을 졸업하고 지금은 도쿄에서 일하고 있다. 사귀는 사람도 일본인이고 생활 방식도 일본식이다. 엄마나 언니처럼 그녀 역시 러시아어를 할 수 있다. 그리고 가끔씩 사할린에서 방문하는 아버지나 할머니는 유미에게 한국 민족이라는 의식을 이어주려 한다. 그러나 유미에게는 일본인으로서의 정체성도 강하다.

미카의 정체성은 유미와는 다르다. 일본 국적인 미카와 우즈베키스탄 국적인 지마는 일본어를 유창하게 하지만, 이 가족이 사용하는 언어는 러시아어다. 장녀인 미레이는 일본 유치원에 보내지만, 러시아어를 가르치면서 토요 교실의 러시아학교에도 데리고 간다.

미카와 지마, 딸 미레이와 아들 데니스. 삿포로 자택에서

　그러나 미카 부부는 한민족이라는 사실을 자랑스럽게 생각
한다. 일상생활에서도 한국적인 것이 많은데, 특히 식생활에
서 명료하게 드러난다. 그러나 같은 한민족이라고는 해도 대
륙 출신과 사할린 출신 사이에는 정체성에 미묘한 차이가 있
어서 때로는 그것이 원인이 되어 충돌이 일어나기도 한다.
　대륙의 조선인은 19세기 말경에 조선반도에서 러시아의

연해주로 이동한 뒤 1937년에 스탈린에 의해 연해주에서 중앙아시아로 강제 이주당한 사람들로 '고려인'이라 불린다. 사할린 조선인은 일본 통치 시대에 조선반도에서 자발적으로 또는 강제로 가라후토로 이동한 사람들이다. 주로 농업에 종사한 고려인과 탄광 등에서 일한 사할린 조선인은 생활 방식도 다르다.

이처럼 대륙에서 온 고려인과 사할린 조선인은 '누가 진짜인가'를 다투고 있는 셈이다. 고국으로부터 멀리 떨어져 러시아화가 진행되고 있는 고려인의 한국어는 사할린 조선인의 입장에서 보면 매우 서툰 것이다. 또한 농촌 지역에서 거주하고 있는 고려인은 한국의 전통에 따라 음력으로 생활하는 경우가 많아서 일본의 '오봉'에 해당하는 '추석' 같은 명절은 한국과 같은 시기에 쇠고 있다. 그러나 사할린 조선인은 일본의 오봉에 맞춰 8월 15일에 추석을 쇠고 있다는 사실은 놀랍다.

미카와 지마도 조선식 요리를 먹을 때 포크와 젓가락 중어느 것을 써야 하는지를 두고 무엇이 정식인지 다투곤 한다. 그러나 '진짜 조선인'에 대해 이야기할 때 두 사람이 한민족으로서의 공동체를 체현하려 하는 것은 아니다. 자신들은 조선반도에 사는 사람들과는 동일하지 않다고 분명히 말한다. 또한 일본의 재일 조선인을 동포로 의식하는 경우도 거의 없

미카와 아이들

고, 일본에 큰 규모의 조선인 커뮤니티가 있다는 것도 알지 못한다.

결국 미카와 지마에게 민족적 정체성이라는 것은, 도덕적 가치나 전통적 생활 방식을 조선반도에 사는 사람들과 더 이상 공유하지는 않더라도, 개인의 자율이나 자기 정체성의 기반이 되는 자신의 언어나 문화에 대한 깊은 애착을 두 사람이 의연히 지니고 있음을 의미한다.

사할린에 살고 있는 친할머니(영순)는 손녀가 조선 사람과 결혼했으면 하고 바랐다. 미카는 보란 듯이 조선인 남편을 데리고 왔다. 그러나 할머니는 "그 사람이 정말 너를 좋아하는 거냐?"라며 불안한 표정을 지었다. 중앙아시아의 조선인은 신용할 수 없다는 모습이었다. 이 같은 불신 속에는 종전 후에 지도원으로 사할린으로 건너온 고려인들에 대한 반감(283쪽 참조)과 더불어, 강제동원된 자신들은 조국에 돌아갈 권리를 가지고 있는 존재라는 '우월 의식'이 뒤섞여 있는 것으로 보인다.

그러나 시간이 흘러 지마가 건실한 청년이라는 사실, 미카도 시댁인 우즈베키스탄에서 크게 환영받았다는 사실을 알고서 할머니는 안도했다. 무엇보다도 사할린 사람들처럼 손자의 돌을 조선식으로 축하해준다는 점이 할머니를 안심시켰다.

일본인과 한국인의 피를 물려받았지만, 사할린 또는 중앙

아시아의 생활 습관을 지닌 채 일본 사회에서 살면서 일본어
와 러시아어로 이야기하는 두 사람의 아이들 미레이와 데니
스는 장래 어떠한 정체성을 갖게 될 것인가. 이들의 미래를
그린 장면은 아직 펼쳐지지 않았다.

2부

국경을 넘다

5장

어머니의 망향의
염원을 안고 살아가는 딸

단나카 아키코

하코다테로 영주 귀국하다

단나카 아키코淡中詔子에게는 '일본사할린협회 하코다테 지
부장'이라는 직함이 붙어 있다. 2000년에 조선인 남편 유건
조柳建造를 데리고 영주 귀국하여 정착한 곳이 하코다테다.
하코다테에는 두 명의 사할린 귀국자가 있는데, 아키코는 이
들이 자기 부모라는 생각으로 두 사람을 살펴드리기로 했다.
영주 귀국이라고는 하지만 새로운 이주라고 하는 편이 맞을
지도 모른다. 서로 의지하고 살아갈 수 있는 사람이 있으면
어쩐지 마음이 든든해진다.

하코다테는 일시 귀국했을 때 한 번 방문했을 뿐이지만, 비
행기에서 바라본 고료가쿠五稜郭에서 펼쳐지는 시가지는 근

사해 보였다. 시골에서 자란 아키코는 높은 건물이 즐비해 있는 장소와는 잘 안 맞았다. 게다가 하코다테에는 좋아하는 과일이나 생선도 풍부했다.

하코다테에 귀국자가 많이 정착한 것은 아니지만, 전후 사할린에서 귀환된 사람이 꽤 있다. 패전 후 소련지구미소송환협정에 의해 1946~1949년에 사할린에서 도착한 귀환선이 입항한 곳이 하코다테였다. 이 전기집단귀환 때 약 31만 명이 모두 218차례 귀환선을 타고 하코다테에 상륙했다(쿠릴 열도에서 온 귀환자도 포함). 하코다테 시 역시 이러한 역사를 제대로 인식하고 있는 편이어서 귀국자들도 불편하게 생각하지는 않는다.

러시아 문화의 향취가 감도는 것도 매력이다. 하코다테는 일본의 북쪽 출입구라 할 수 있는 곳으로, 19세기 중반부터 국제적인 무역항으로 번영했다. 거리 이곳저곳에 러시아인 묘지나 옛 러시아 영사관 건물 등 역사적 흔적을 쉽게 발견할 수 있다. 국가의 중요 문화재인 하코다테 하리스토스 정교회도 그중 하나다. 러시아혁명 후인 1920년대에 러시아인 망명자들을 받아들이면서 러시아 문화도 함께 하코다테로 들어왔다.

사할린에서 오는 일시 귀국 방문단이 치토세千歲 공항에 도착할 때면 아키코는 하코다테에서 다섯 시간이나 걸리는

단나카 아키코와 유건조 부부. 하코다테 자택에서(현무암 촬영)

공항까지 늘 마중하러 간다. 일본사할린협회의 임원으로서 방문단을 받아들이는 것은 가장 중요한 일이다. 아키코가 먼 곳에서 이렇게 서둘러 달려가는 데에는 또 다른 이유가 있다.

아키코는 2000년 영주 귀국할 때까지는 일본어로 겨우 인사나 할 정도였지만, 지금은 통역이라는 막중한 일을 하고 있다. 일본사할린협회의 총회나 연례회의에서 일본어와 러시아어 통역은 필수적이다. 일본유라시아협회 하코다테 지부에서도 활동한다. 이전에 통역할 때는 의미가 다르다는 둥 틀렸다는 둥 말이 나오는 경우가 종종 있었다. 총회 전날이 되면

긴장해서 잠을 이루지 못할 정도가 되는 것은 지금도 변함이 없지만, 현장에서는 그러한 불만이 나오지 못할 정도로 자신 감이 있다.

그녀는 하코다테 교외의 니시아사히오카쵸西旭岡町에 있는 아파트 단지에서 남편과 둘이서 살고 있다. 영주 귀국한 직후 에는 러시아어나 한국어로 말했지만, 일본어로 이야기하는 경우도 차츰 늘어났다. 일본에 와서는 거의 쓰지 않게 된 한 국어는 매일 한국 드라마를 본 덕분인지 사할린에 있을 때보 다 표현이 더 풍부해진 것 같기도 하다.

일시귀국방문단 일로 삿포로로 외출하게 되면 며칠씩 집 을 비우는 경우도 생긴다. 집안일을 걱정하려 들면 남편은 "먹고 싶은 게 있으면 만들어 먹으니까 걱정 마"라며 입버릇 처럼 말한다. 반찬은 늘 제육김치볶음이다. 친척도 친구도 없 는 곳에서 남편이 쓸쓸해한다는 사실을 잘 알고 있다. 그렇기 때문에 조선인 남편이 일본까지 따라와준 것이 너무도 감사 할 따름이다.

운명을 갈라놓은 도항

아키코의 어머니 야마시타山下 키노는 열세 살에 가족과 더불어 사할린으로 건너왔다. 여기에서 토로의 탄광에서 일 하던 아키코의 아버지 단나카 도시오淡中稔男와 1943년에 정식으로 결혼했다. 아키코는 1944년에 태어났다. 아키코가 태어났을 때 아버지는 가족을 남겨둔 채 일본에 있었다.

패색이 짙던 1944년, 가라후토 서해안의 에스토루 이북 열세 곳의 탄광사업소에서 9000명에 이르는 탄광 노동자가 일본 혼슈本州의 도호쿠東北 지역이나 규슈九州 쪽으로 전환배치되었다. 아시아태평양전쟁의 전황이 악화되어 선박이 남방 전선으로 동원됨에 따라 사할린에서 채굴한 석탄을 본토로 수송하는 것이 곤란해졌기 때문이었다.

1944년 가을, 아키코보다 두 살 많은 오빠가 병으로 죽는 불행이 있었다. 전보를 받은 아버지가 곧바로 달려왔다. 이를 계기로 단나카 일가는 일본으로 돌아가게 되었다. 키노는 얼마 동안 시즈오카静岡에 있는 친정에 머물다가 아키코를 데리고 시댁이 있는 홋카이도의 비에이쵸美瑛町로 향했다. 남편은 6형제의 장남이었다.

시댁은 옛 사무라이 집안의 엄격한 가풍을 지니고 있었던 듯하다. 엄격한 관습에 잘 어울리지 못했던 키노는 아키코를 데리고 다시 가라후토로 돌아왔다. 주변에서는 홋카이도에서 살라고 설득했지만, "가라후토는 어디서 전쟁이 일어나는지도 모를 정도로 조용하니까 돌아가겠어요"라며, 반대를 무릅쓰고 가라후토로 향했다. 패전 직전의 일이었다.

이것이 이들의 운명을 나누었다. 키노 모녀가 에스토루 항

에 도착했을 때는 일본으로 피
난가는 사람들로 북새통을 이
루고 있었다. 그대로 배에서 내
리지 않고 되돌아가려고 마음
을 먹었지만, 선박은 군인이나
관헌이 먼저 사용할 수 있다는
것이었다.

8월 9일에 소련이 진공을 개
시하자 가라후토청은 8월 13
일부터 여성과 아이들을 홋카

스무 살 전후의 키노(단나카 아키코 제공)

이도로 소개疏開했다. 오도마리에서부터 홋카이도를 향한 탈
출은 소련군이 소야宗谷 해협을 봉쇄하게 되는 22일까지 이
어졌다. 그러나 '종전' 다음날인 16일에 이미 소련군이 에스
토루 항에 상륙했고, 20일에 마오카는 함포 사격을 받아 불
바다가 되었으며 지상군도 투입되었다.

자택이 있는 토로에 키노 모녀가 도착했을 때는 소련군의
진공이 시작되고 있었다. 오도마리나 마오카에는 일본으로
가는 피난선이 있다는 이야기를 듣고 남쪽을 향했다. '피난
길'이 시작되었다.

걸어서 마오카로 향하던 도중 친나이(珍內, 크라스노고르스
크) 부근에서 아키코가 모기에 물려 감염 증세가 나타났다.

상처가 부풀어오르고 얼굴은 새빨개졌다. 울음을 멈추지 않는 아키코에게 모유를 먹이자 자신마저 감염되어 두 사람 모두 걸을 수 없게 되었다. 행렬에서 떨어져 길가에 쓰러져 있는데 소련 군인이 진료소까지 데려다주었다.

피난선이 출발하는 마오카는 너무 멀고 더 이상의 남행은 힘들어지자 키노 모녀는 자택으로 돌아가야 했다. 전쟁의 혼란 속에서 생이별을 하게 된 키노와 아키코는 남편과는 더 이상 재회할 수 없었다.

조선인의 도움을 받아

사할린은 곧 소련군 점령하에 놓였다. 자택은 러시아군에게 접수되어 키노 모녀는 바라크에서의 생활을 강요당했다.

토로로 돌아온 두 사람은 입원을 해야 했다. 키노는 한 달 만에 퇴원했지만, 의사는 아기는 쉽지 않을 것 같다고 했다. 결국 아이가 죽었다는 말을 들은 키노는 이제 일본으로는 돌아갈 수 없고 살아갈 의미도 없다고 생각했고, 아이와 함께 바다에 뛰어들 생각으로 해안으로 향했다. 뛰어내리려던 바로 그때 아이의 온기가 느껴졌다. 아키코가 되살아난 것이었다.

키노는 병원으로 돌아가지 않고 아키코를 집으로 데리고

아키코와 남동생들이 각각 아버지의 이름을 써 보이다

돌아와 직접 간병했다. 돈은 은행에 저축해두었기 때문에 수
중에 쥔 돈은 조금밖에 없었다. 먹을 것도 변변치 않아 영양
실조 상태였던 아키코를 돌봐준 사람은 어느 조선인이었다.
생활을 위해 공사판 식당에서 일하게 된 키노는 이곳에서 사
할린 탄광에 강제동원되었다가 귀국하지 못한 채 남아 있던

야마모토山本라는 성을 사용하던 조선인 최규정과 알게 되었다. 최규정은 암시장에서 먹을 것을 구해와서 아키코에게 먹였다. 일본어를 할 수 없었던 최규정은 이 책의 첫 장에 등장하는 다케나카 히데오竹中秀男(한국명 김수진)가 대신 써준 러브레터를 키노에게 보냈다. 자신에게 호감을 보인 규정과 키노가 결혼함으로써 아키코에게는 조선인 아버지가 생겼다.

그렇지만 키노는 일본으로 돌아가려는 생각을 포기하지 않았다. 탄광 일을 그만둔 남편과 함께 에스토루로 향했다. 항구 가까이 있으면 어떻게 해서든지 일본으로 돌아갈 수 있을 것이라고 생각했기 때문이었다. 여차하면 아키코만 데리고 갈 생각이었다.

최규정과의 사이에 태어난 아들이 배가 고파 울어도 정들까 두려워 수유를 하지 않았다. 주변 사람들로부터 "동물도 자기 새끼는 버리지 않아. 태어난 이상 누가 뭐라고 하든 당신 아이잖아"라는 꾸지람을 들었다. 키노는 젖을 먹이면서 이제 일본으로 돌아갈 수는 없다고 생각했다. 키노는 규정과의 사이에서 여덟 아이를 낳았다.

의붓아버지는 아키코를 "눈에 넣어도 아프지 않다"며 예뻐해주었다. 술집에 갈 때도 아키코를 데리고 갈 정도였는데, 술집에서 쓰러져 다친 상처가 아직도 남아 있다. 친아버지에 대한 기억이 없는 아키코에게 조선인 의붓아버지는 진짜 아버지나 다름없었다.

그러나 아키코는 마음 한편으로는 자신이 친딸이 아니라고 생각하고 있었다. 의붓아버지의 친구가 찾아와 아이가 몇이냐고 질문하면 아버지는 '다섯 명'이라고 했다. 그 속에 자신은 포함되어 있지 않았던 것이다. 어떤 때는 "아키코를 포함해서 여섯 명"이라고 말하던 것을 지금도 선명하게 기억한다. 심장을 찌르는 듯한 말이었다. 아키코는 진짜 딸이 되기 위해 필사적으로 동생들을 돌봐주었다.

의붓아버지는 아이들에게는 엄했지만, 아내에게는 단 한 번도 손을 댄 적 없는 온화한 사람이었다. 어머니가 "아무것도 모르는 조선인과 결혼하는 바람에 고생만 했다"고 힐난해도 아버지는 "이 세상에 이렇게 예쁜 사람은 없어"라며 그저 미소를 지을 뿐이었다.

조선학교에서 공부하다

잔류 일본인 대부분의 귀환이 끝날 무렵 아키코는 조선학교에 입학했다. 그것은 전후 조선인 커뮤니티의 구성원으로 살아간다는 것을 의미했다. 지금까지 어머니는 아키코와 말할 때 일본어를 사용했지만, 딸을 조선학교에 다니게 하기 위해 집밖에서는 일본어를 하지 않으려고 신경 썼다. 의붓아버지는 같은 옛날 이야기를 몇 번이고 아키코에게 들려주면서 한국어를 알아들을 수 있게 했다.

아키코는 최소자崔詔子라는 이름으로 조선 학교에 다녔다. 학교에 들어가서 알게 된 것은 학급의 모든 학생은 일본어도 한국어도 다 잘하는데 자기만 둘 다 어중간하다는 사실이었다. 유급해서 1학년을 두 번 다녔다. 아키코는 대륙에서 온 고려인 선생으로부터 '일본의 개'라고 불린 것을 지금도 잊을 수 없다. 조선학교에서 사용하는 교과서도 고려인이 만든 것이었다. 게다가 학교의 요직에 있기도 했던 고려인 교원들은 기존 종주국이었던 일본에 오염된 조선인을 정치적으로 지도한다는 사명감에 불탔다. 이러한 적의가 어린 아사코를 향했던 것이리라.

'일본인'이 무엇인지 '조선인'이 무엇인지 아직 알지 못했던 아키코가 이 이야기를 전하면 의붓아버지는 당황하면서도 "한국어를 확실하게 공부하라"는 의미라고 말했다. 바로 이러한 상황을 염려했기에 아버지는 아키코가 입학할 때 교사에게 선물까지 주었다. 아키코가 교사가 되기로 한 것도 이 때의 분한 마음 때문이었다.

이러한 상황에서도 아키코의 한국어는 나날이 좋아졌다. 5, 6, 7학년 때는 누구에게도 뒤지지 않을 정도의 성적을 받았고 시를 써서 칭찬을 받기도 했다. 다만 러시아어 성적이 부진하여 한 번 더 유급을 해서 9년 동안 학교를 다녔다.

어머니 키노도 야학에서 한국어를 배우고 조선식 이름을 사용했다. 조선인이라고 해도 읽고 쓰기를 못하는 사람이 많았다. 야학은 이 같은 사람을 위해 마을 주민회가 개최한 것이었다. 3년 동안 공부한 어머니는 마침내 한글로 편지를 쓸 수 있게 되었다.

교사의 길을 꿈꾸던 아키코는 유즈노사할린스크 사범학교에 진학했다. 그러나 소련 정부의 조선학교 폐쇄 방침에 따라, 1962년에 1년 동안 공부한 상태에서 한국어학과가 폐지되었다. 바로 그때 어머니가 병석에 눕게 된 사정도 있고 해서 샤흐툐르스크에 있는 본가로 되돌아가기로 했다.

아키코는 스물두 살에 조선인과 결혼하여 딸 하나를 낳았지만 불과 2년 뒤에 사고로 남편을 잃었다. 그 뒤에 재혼한 사람이 지금의 남편 유건조다. 유건조와의 사이에도 세 아이가 태어났다. 유건조는 1937년에 도쿄에서 태어났는데, 아버지와 함께 조선에 한 번 되돌아갔다가 일가족이 사할린으로 이주한 뒤 종전을 맞이하면서 잔류하게 되었다.

동생들과 살기로 하다

1950년대 후반 일소공동선언에 따라 일본인 여성이 조선인 남편 및 자식들을 동반해 일본으로 갈 수 있게 되었다. 이 후기집단귀환이 시작된 것은 아키코가 열네댓 살 때였다. 키노 부부도 귀국 수속을 위해 우글레고르스크로 갔다. 아키코는 일본이 어디 있는지도 몰랐지만 시골을 떠날 수 있다는 사실만으로도 즐거웠다.

학교에서 돌아오니 어머니가 울고 있었다. "아키코짱, 여기 앉아봐." 어머니는 '소자'라 부르지 않았고 새삼스럽게 일본어로 말했다. 어머니는 아키코가 일본어를 잊어버리지 않았는지 확인하려 했던 것이리라. 아키코는 "갑자기 일본어로 말하니까 알아들을 수 없잖아요"라며 늘 하던 대로 한국어로 대답했다.

그러자 어머니는 한국어로 "일본에 가려면 일본어를 공부해야 하고, 아버지는 일본에 같이 못 가"라고 말하는 것이다. 어머니와 아키코 두 사람만 일본으로 갈 수 있게 되었다는 믿을 수 없는 이야기였다. 어머니는 "일본에 가면 재산도 있으니 행복해질 수 있어. 다른 아이들은 두고 가니까 함께 돌아가자"라며 아키코의 답변을 들으려 했다. 어린 아키코에게는 가혹한 선택이었다.

아키코는 전기집단귀환 때 자기가 병에 걸려 어머니가 일본에 가지 못했다는 사실에 부담을 느끼고 있었다. 아버지와 생이별하게 된 어머니가 불쌍하다고 생각했지만, 그래도 동생들과 헤어지고 싶지는 않았다. "나는 일본에 안 갈 거야" 아키코는 이렇게 속마음을 털어놓았다. 어머니는 아키코를

키노와 규정의 묘(단나카 아키코 제공)

끌어안고 줄곧 울기만 했다. 이리하여 두 사람은 '잔류'를 선택했다. 패전 후의 전기집단귀환에 이어 또다시 그 기회를 포기해야만 했다.

지금에 와서 생각해보면 자신이 일본에 가지 않겠다고 했을 때 어머니가 흘린 눈물은 안도의 눈물이 아니었을까 하고 추측한다. 조선인과 재혼하여 많은 아이를 낳은 어머니가 일본에 귀환되더라도 돌아갈 곳 따윈 없었던 게 아닐까. 다만 어머니는 자신은 비참해지더라도 아키코만은 윤택한 삶을 살 수 있게 해주고 싶었던 것이 아니었을까. 이 같은 상황에서 아키코는 스스로 사할린에 남겠다고 말한 셈이다.

훗날 어머니는 병으로 자리보전을 하게 되자 아무것도 먹지 않으려 했다. 걱정이 되어 자식들이 식사를 권해도 "밥을 먹은들 용신을 못하고 산대서야 너희들이 고생하게 되니까"라고 말할 뿐 들으려 하지 않았다.

어머니에게는 아키코를 데리고 일본으로 돌아가지 못한 것이 평생 한으로 남아 있었다. 조선인 남편을 만나 많은 아이를 낳는 바람에 아침부터 밤 늦게까지 동생들을 뒷바라지하느라 어린아이답게 살 수 없었던 아키코에게 더 이상 고생을 시키고 싶지 않았다. "나는 죽어 천국에는 못 갈지 모르지만, 저세상에 가거든 네가 일본에 가서 살 수 있도록 기도할 테니 반드시 일본으로 돌아가길 바란다." 어머니의 이 말은 지금도 아키코의 귓전에 맴돌고 있다.

한시도 떠나지 않고 어머니를 간병하던 아키코는 어머니가 가위눌린 듯 "일본으로 돌아가고 싶어"라고 읊조리는 모습을 볼 때마다 모두 자신의 탓이라고 생각하여 자책했다.

어머니는 어머니대로 빨리 저세상으로 가서 아키코에게는

폐를 끼치고 싶지 않다고 생각했다. 전쟁에 의해 희생당한 모녀의 마음은 서로 엇갈린 채 이별의 날을 맞이했다.

아키코의 어머니와 의붓아버지는 망향의 염원을 품은 채 1985년에 타계했다. 사할린 잔류 일본인과 조선인에게 귀국의 조짐이 보이기 시작한 것은 1980년대 후반이 되어서다.

아키코는 어머니의 말을 한시도 잊지 않고 있었다. 그러나 1990년대에 들어서 몇 차례 일본에 일시 귀국했을 때도 영주 귀국을 하고 싶다고 생각하지는 않았다. 그러다가 1990년대 후반에 일본으로 영주 귀국할 수 있게 되었을 때 그녀의 등을 떠민 것은 어머니가 남긴 말이었다.

친척이 없는 일시 귀국

사할린 잔류 일본인의 일시 귀국이나 영주 귀국을 지원해 온 일본사할린동포교류협회(현 일본사할린협회)는 사할린의 '순수' 일본인을 찾아다녔다. 일본인이라는 사실이 확인되면 협회의 지원을 받아 일시 귀국하는 것도 가능하지만 이를 위해서는 공적 문서를 통한 증명이 필요했다.

아키코 자신이 일본인이라는 사실을 증명하는 자료는 키노와 최규정 사이의 결혼증명서뿐이었다. 그런데 이 결혼증명서에는 어떻게 된 일인지 키노의 성이 '아와나카'(일본인 친아버지의 성 단나카 淡中의 '淡'을 훈독하면 '아와'가 된다 - 옮긴이)라고 기재되어 있었다. 문맹이었던 최규정이 혼인신고를 할 때 누군가에게 부탁을 했는데 그 과정에서 착오가 있었던 것일까. 이 같은 사정 때문에 일본사할린동포교류협회가 아키코의 친척을 찾는 일은 험난했다.

1980년 키노는 후술하게 될 시라토 쓰키(白戸ツキ, 신보배의 어머니)가 일시 귀국할 때 편지를 맡겨 시즈오카와 도쿄의 형제들과 연락할 수 있었다. 아키코는 일본의 친척이 어머니에게 보낸 편지를 소중하게 보관하고 있었다. 불이 났을 때도 어머니가 필사적으로 가지고 나온 편지였다. 시즈오카와 도쿄의 야마시타 일가가 보낸 이 편지에서 '야마시타 아키코'라는 일본인 이름이 드러났다. 게다가 편지의 내용을 통해 야마시타 아키코의 아버지가 '단나카淡中'라는 것도 알게 되었다. 어머니 키노의 결혼증명서에 '아와나카淡中'라고 된 것과 일치했다. 야마시타 아키코는 단나카 아키코였던 것이다.

아키코가 일시 귀국하기 위해서는 우선 일본의 친척을 찾는 것이 급선무였다. 일본사할린동포교류협회는 이 같은 정보를 토대로 아키코의 신원 확인을 서둘렀다. 전전에 가라후토에서 출생신고를 했다는 사실을 통해서 단나카 도시오의 호적에 올라 있다는 것은 확인할 수 있었다.

그러나 키노와 아키코는 소식 불명이 된 전후의 미귀환자 조사에 대한 최종 조치를 위해 제정된 '미귀환자에 관한 특별조치법'(1959, 기시 노부스케 내각)에 의해 1966년 3월에 전시 사망선고가 확정되어 제적除籍이 된 상태였다. 아버지 단나카 도시오 역시 사망한 상태였다. 협회는 키노에게 편지를 보낸 야마시타 일가에게 연락해서 아키코에 관한 이야기를 전달했다.

그러나 키노가 생전에 편지 왕래를 했던 형제들은 조카인 아키코와의 재회를 바라지 않았다. 야마시타 일가는 집안 사정도 있는데다 얼굴 한번 보지 못한 조카에게 각별한 애정이 있는 것도 아니어서 도움을 주기가 어렵다며 면회 요청을 거절했다. 1992년 9월 아키코는 친척도 없는 상태로 일시 귀국하게 된다.

아키코는 이러한 사실을 알지 못했지만, 외가 쪽 친척들이 조카인 자신을 만날 생각이 없다는 것은 어렴풋이나마 느끼고 있었다. 사정은 잘 알지 못하지만 무언가 조짐이 이상하다고 느꼈던 것이다. 일본사할린동포교류협회의 임원들이 가족이 되어주겠다며 아주 친절히 대해주었기 때문이다. 자신과 만날 뜻이 있다면 친척들이 곧장이라도 날아올 터였지만 결국 나타나지 않았다. 그때 아키코는 일본사할린동포교류협회 사람들을 가족으로 생각하고 살아가겠다고 마음을 먹었다.

그러다 다행히도·어릴 적 아키코를 본 적이 있는, 홋카이도에 거주하는 숙부가 티브이를 보다가 귀국자 명단 속에서 '아와나카 아키코'라는 이름이 있는 것을 발견했다. 숙부가 홋카이도청의 원호계에 문의하면서 일이 진척되어 일시 귀국자 숙소로 전화를 해서 아키코가 조카라는 것이 판명되었다. 아키코는 삿포로에서 숙부와 재회할 수 있었다.

숙부로부터 친가 쪽 가족들의 사진을 건네받으며 아버지에 관한 이야기를 들었지만, 이 당시에는 아직 일본어가 서툴렀다. 그런대로 아버지가 살아 계시지는 않다는 것을 알 수 있었다. 다음 만남을 약속했지만 1995년에 두 번째 일시 귀국을 했을 때 숙부는 돌아가신 상태여서 지난번 만남이 마지막이 된 셈이었다. 다만 두 번째 방문에서 아키코는 숙모와 다시 만나 아버지가 1978년에 돌아가셨다는 사실을 포함하여 단나카 집안에 대해 자세히 알 수 있었다.

한국인가 일본인가

아키코 부부는 1990년대에 몇 차례에 걸쳐 일본과 한국으로 일시 귀국했다. 그 뒤 사할린 잔류 일본인과 조선인의 영주 귀국 문제가 본격화되자 아키코 부부에게도 '귀국'은 현실적인 문제가 되었다. 이 시기는 러시아 경제가 혼란하여 생활이 매우 어려운 상황이었다.

이들 부부에게는 두 가지 선택지가 있었다. 일본에 가든가 한국에 가든가.

남편 유건조의 입장에서 보면 많은 지인이 영주 귀국한 한국 쪽의 상황이 좋았고, 주거가 제공된다는 점 역시 매력적이었다. 미혼인 아들은 사할린에 남기를 원했기 때문에, 잔류 1세 부부만을 대상으로 하는 한국으로의 영주 귀국에 따르는 문턱도 높지 않았다.

그러나 몇 차례 두 나라를 방문한 뒤 결국 일본에 정착하기로 결정했다. 아키코에게는 어떻게 해서든 일본에 가야만 하는 이유가 있었다. 일본으로 돌아가길 바란다는 어머니의 유언이 있었기 때문이었다.

사실 남편 건조에게도 일본은 어머니의 나라였다. 일본에서 공부하며 일했던 아버지는 일하던 가게의 딸과 연애를 했고 두 사람 사이에서 태어난 아이가 바로 건조였다. 그러나 그 결혼은 허락될 리 없었다. 아버지는 건조만 데리고 조선으로 돌아갔다. 그곳에서 아버지는 정식 결혼을 했고 건조는 새어머니 손에 길러졌다. 그 뒤 일가족은 사할린으로 건너왔다.

건조는 한국에 일시 귀국했을 때 친척들과 만났다. 건조의 아버지가 건재했을 때 한국의 가족들과 편지를 주고받았기 때문에 주소도 알고 있었다. 고향을 방문했을 때 많은 친척이

장녀 마이야와 함께(단나카 아키코 제공)

모여 따뜻하게 맞아주었다. 아버지에게 남겨진 토지도 보여
주었다. 건조는 토지 따위는 필요 없고 한국에 영주 귀국하더
라도 민폐를 끼치지 않을 터이니 걱정하지 마시라는 말을 전
했다.

그러나 이들 중에는 재산 문제 때문인지는 모르겠으나 무
엇 때문에 돌아왔느냐라며 만나주지 않는 사람도 있었다. 그
때 건조는 한국인이 냉정하다고 생각했다.

건조가 한국에 대해 좋지 않은 인상을 갖게 된 이유는 또
하나 있었다. 첫 번째 한국 방문에서 친척들에게 아내가 일본
인이라고 말하자 숙모 중 한 사람에게서 질책을 들었다. 다음

에 부부가 함께 방문했을 때 그 숙모는 때를 엿보다가 "진짜 일본인이야?"라고 물었다. 대답을 망설이는 건조를 대신해서 아키코는 순간적인 기지로 "거짓말이에요. 남편이 농담한 거예요"라고 대답했다. 숙모는 "그러면 그렇지. 일본인이 이렇게 한국어를 잘할 리가 없지"라며 안심하는 눈치였다.

한국에서 이 같은 일을 겪었기 때문인지 건조는 아키코가 일본에 영주 귀국할지 말지를 망설일 때 "모두 일본에 간다는데 진짜 일본인이 왜 일본에 가지 않는 거야"라며 일본으로의 영주 귀국을 응원해주었다.

단나카 부부는 2000년에 영주 귀국하여 사이타마 현 도코로자와 시의 중국귀국자정착촉진센터에서 일본어 연수를 받으면서 취적 수속을 거쳐 하코다테에 정착했다. 일본에서의 생활이 생각한 바대로 안 될 경우에는 언제든지 사할린으로 돌아갈 생각이었다. 실제로 영주 귀국 후 몇 년간은 일본 생활에 적응하지 못하고 갈등도 많았다. 그러나 지금은 한국이나 사할린을 왕래하면서 가족들을 초청하며 안정된 생활을 보내고 있다.

가족의 잔류 선택

단나카 부부는 단둘이서 영주 귀국하기로 결정했다. 2000년에 아들 제냐가 일을 시작하면서 독립했기 때문에 부담이

없었다. 장녀 마이야와 차녀 리라도 동반 귀국하지 않고 사할
린에 남기로 했다.

그러나 아키코가 첫 결혼에서 낳은 딸인 마이야의 심경은
복잡했다. 마이야는 어머니와 함께하고 싶다는 마음은 예나
지금이나 변함이 없었다. 그런데 겨우 가정이 안정을 찾게 되
어 효도를 하겠다고 생각한 차에 어머니가 일본으로 가겠다
고 한 것이었다.

한국어밖에 할 수 없던 할머니와 살았던 시간이 많았기에
마이야는 소학교에 들어가기 전에는 자주 한국어로 이야기
를 했다. 소학생이 되자 학교에서도 가정에서도 러시아어를
사용하게 되어 한국어를 차츰 잊어버렸지만 알아듣는 데는
지금도 아무 문제가 없다.

외할머니(키노)는 우글레고르스크에 살고 있었으므로 만날
기회가 적었다. 할머니가 일본인이라는 것은 알고 있었지만
그 당시에는 일본인과 조선인을 구별할 줄 몰랐다. 가끔씩 만
나러 가면 할머니는 한국어와 러시아어 두 언어가 섞인 말로
이야기를 건넸다. 어머니가 일본에 가게 된 후에 외할머니가
살아 계실 때 일본에 대해 여러 가지 이야기를 들어두었더라
면 좋았을 텐데 하고 후회한다.

고등학교를 졸업한 마이야는 이르쿠츠크의 국립대학에 입
학했다. 동향인 남편 사샤도 같은 대학 출신으로, 두 사람은

단나카 집안 사람들. 중앙이 단나카 아키코와 유건조 부부. 유즈노사할린스크에서

이르쿠츠크에서 결혼했다. 졸업한 뒤 큰딸이 태어나자 가족
은 사할린으로 돌아와 지금은 유즈노사할린스크에서 생활하
고 있다. 2002년에 장남이 태어났고, 2013년에는 첫 손자(장
녀의 아들)가 태어났다.

  마이야는 러시아 문학을 좋아하여 이따금씩 푸시킨의 시
를 읊곤 한다. 한국이나 일본의 시는 읽어도 푸시킨의 시 같

은 느낌이 들지 않는다고 생각한다. 러시아어로 생각하고 러시아어로 느끼는 자신을 러시아인이라고 강하게 의식하고 있다. 그러나 러시아 문화는 바깥에 있는 것, 환경을 통해서 얻어진 것이지만, 한국 문화는 피를 통해서 물려받았고 그 후 가정에서의 교육과 습관을 통해 몸에 밴 것이다. 이러한 의미에서 자신은 당연히 카레얀카라는 것이다.

일본 문화는 어느 시기까지는 자신의 내면에서 잠자고 있었지만, 부모가 일본에 일시 귀국을 시작했을 때 깨어나기 시작했다. 지금 가장 알고 싶은 것은 일본 문화다. 한국어와 일본어 양쪽을 모두 공부하고 있는 마이야지만 역시 일본어에 대한 관심이 더 크다.

그렇지만 부모가 일본에 영주 귀국하기로 결심했을 때 마이야는 동반 귀국할 생각은 없었다. 일본어를 제대로 배울 자신도 없었고 러시아어를 쓰며 조선인 가정에서 자란 자신을 일본인의 멘탈리티로 바꿀 수 없다고 생각했다.

게다가 자신은 제쳐두더라도 당시 열두 살이던 큰딸이 언어나 문화 등의 환경에 생기게 될 큰 변화를 따라갈 수 있을지가 걱정이었다. 제대로 되지 않을 경우 위험이 너무 크다는 불안감이 사라지지 않았다.

마이야의 시어머니는 한국에 영주 귀국했지만, 마이야 부부는 한국으로 갈 생각이 없다. 수년 전 돈을 벌기 위해 석 달간 한국에 다녀온 남편은 자신과 같은 존재는 동포로 간주되지 않는다라는 사실을 깨달았다. 조선인으로서의 의식이 강한 남편조차도 한국에서 생활하는 것은 간단치 않다고 생각하고 있다. 가족 단위로 일본이나 한국을 이따금씩 방문해보아도 결국 자기 가족에게 가장 아늑한 곳은 사할린이라는 것이다.

영원히 언니로 누나로 남다

2014년 8월 단나카 부부는 홋카이도와 사할린을 연결하는 페리에 몸을 싣고 있었다. 이 시기 여름철에만 운항하는 왓카나이稚內와 코르사코프를 오가는 페리는 승객으로 넘쳐난다. 대부분은 귀국자와 그 가족이다. 사할린의 조선인 커뮤니티에서도 추석은 중요한 행사다. 추석이 다가오면 한국이나 일본의 귀국자들은 성묘나 가족 재회를 위해 사할린으로 향한다.

단나카 부부도 가족을 다시 만나기 위해 배를 탔다. 그렇지만 사할린에 있는 가족을 만나기 위한 것만은 아니다. 한국이나 프랑스에 있는 가족 모두가 사할린으로 모이는 것이다. 쌍둥이 남동생들의 55세 생일에 맞춰 아키코는 대대적인 가족파티를 기획했다.

동생들의 생일에 맞춰 전 가족을 소집한 데에는 특별한 이유가 있었다. 사실 생일을 맞은 형제 중 한 명은 러시아 대륙에 살면서 운송업 관련 일을 하고 있었는데, 30년이 넘도록 연락이 닿지 않았다. 소식이 끊긴 것은 그가 사고를 당해 기억상실증에 걸렸었기 때문이었다. 이후 기억을 회복한 동생은 부모님이 이미 돌아가셨다는 사실을 알게 되었는데 그는 그것이 자기 때문이라고 책망하며 그 후로는 형제들과 연락을 하려 하지 않았다.

그 뒤 동생은 심장병 수술을 받게 되었다. 큰 수술을 앞둔 그에게 아내는 "사할린에 누군가 있지요? 가족이 아니더라도 친구 정도는 있을 거 아니에요"라고 캐물었다. 아무도 없다고 대답해도 아내는 포기하지 않고 사할린에 살고 있을 남편의 지인을 계속 찾아 마침내 가족들과 연락이 되었다. 이렇게 해서 맞이하게 된 55세 생일이었기에 모두 모여 축하를 하게 된 것이다.

가족의 재회와 생일을 축하하는 파티는 성대하게 치러졌다. 식탁에는 한국, 일본, 러시아 요리가 가득했다. 한국, 일본, 러시아의 각 지역에서 100명 이상이 모였고, 프랑스에서는 아키코의 조카 가족이 달려왔다.

그 속에서 아키코는 옛날과 마찬가지로 형제들을 돌보는 역할을 했다. 어머니와 둘이서 일본으로 돌아가는 것을 포기하더라도 떨어지고 싶지 않았던 동생들이었다. 아키코는 영

가족 파티에 모인 아키코의 형제들. 뒤편 왼쪽부터 차남 문진, 장남 화진, 사남 남진, 삼남 양진, 앞 왼쪽부터 삼녀 철자, 아키코, 차녀 석자. 사녀 안자는 일 때문에 한국에 돌아감

원히 '언니'이고 '누나'였던 것이다.

파티에서 가장 먼저 이야기를 한 것도 아키코다. 이어 프랑스에서 살고 있는 조카가 완벽한 한국어로 축사를 읊었고, 형제들은 노래방 기계로 한국 노래를 불렀다. 다음 날도 가족만의 축하연이 이어졌다.

단나카와 최씨 일가 사람들은 일본에서 온 필자들도 따뜻하게 맞이해주었다. 모두들 어머니 키노의 고향인 일본에 대해 묻거나 자신이 알고 있는 일본어로 이야기를 하곤 했다. 키노가 있었다면 분명 기뻐했을 것이다.

6장

사할린, 홋카이도, 인천을 오가다

스고 젠이치

얼굴도 알지 못하는 아버지의 성을 이어받다

스고 젠이치普生善一는 일주일에 한 번 비상근으로 홋카이도중국귀국자지원교류센터에서 일을 한다. 같은 처지에 있는 사할린 귀국자들을 돌보는 것이 보람이다.

일본에 영주 귀국하기 전 스고 젠이치와 동료들은 마지막까지 남은 사람이 잔류 일본인들의 모임인 사할린일본인회의 회장을 하기로 결정했다. 그들은 고향으로 돌아가는 사람들을 도와주자는 열의를 가지고 있었다.

그러나 가장 먼저 영주 귀국한 것은 스고 젠이치 자신이었다. 삿포로의 귀국자센터에서 일하고 있는 것도 그 미안함을 조금이나마 떨쳐버리려는 이유에서다. 잔류 일본인 2세로

홋카이도중국귀국자지원교류센터에서 일하는 스고 젠이치

태어난 나라 히로시奈良博가 사할린잔류일본인회의 회장 재
임 중 갑자기 사망한 뒤에는 빚을 갚아야 한다는 생각도 더
해졌다.

　영주 귀국한 뒤로는 삿포로에 인접한 에베쓰의 시영 아파
트 단지에서 조선인 아내와 둘이서 살고 있다. 사할린에는
1968년과 1972년에 낳은 두 딸을 남겨두고 왔다. 첫째나 둘

째 중 한 명을 동반할 수 있었지만, 그렇게 되면 한 사람이 외톨이가 되어야 했다. 젠이치는 부부만 귀국하기로 결정했다. 2000년의 일이다.

'스고'라는 성을 사용하기 시작한 것은 1990년대 일본사할린동포교류협회(현 일본사할린협회)가 창구가 되어 일시 귀국을 신청할 수 있게 되면서부터였다. 그전까지는 냉전이라는 국제정세하에서 개인적으로 번잡한 수속을 거쳐 일시 귀국이나 영주 귀국하는 것이 가능하긴 했지만 이는 매우 드문 경우였다.

젠이치가 공식적으로 일시 귀국하기 위해서는 조선인 의붓아버지가 붙여준 김성규를 대신할 일본 이름이 필요했다. 일본인 어머니 오이 토미코大井とみ子의 성을 물려받는 것도 생각했다. 그렇지만 젠이치는 태어난 뒤 곧바로 헤어져 얼굴도 알지 못하는 친아버지 스고 만키치菅生萬吉의 성을 물려받았다.

1982년 40년 만에 귀국하게 된 어머니를 따라 홋카이도에 도착했을 때 아버지는 마중을 나오지 않았다. "몇 살이나 되었나?" 전화 저편으로 들리는 이 말이 젠이치가 기억하는 아버지의 유일한 육성이었다. 일본어를 할 수 없었지만 어떻게든 알아들을 수는 있었다. 아버지에 대한 기억은 물론 사진한 장도 남아 있지 않았다.

1982년 일시 귀국 당시의 오이 도미코(스고 젠이치 제공)

아버지에게 재회 의사가 없다는 것을 알게 된 젠이치는 이를 이해하려 노력했다. 어머니에게 부탁해서 재산도 그 무엇도 필요 없으니까 걱정하지 말라는 내용의 편지를 썼다. 아버지에게는 재혼한 아내와의 사이에 자식들이 있다는 것도 알고 있었다.

담담한 마음이었던 것은 오히려 어머니 쪽이었다. 1950~1960년대에 아사히카와에 살고 있던 여동생과 편지를 주고받으면서 만키치의 소식은 들어 알고 있었다. 만키치가 이혼을 요구했던 것인지, 1960년대 중반 여동생에게 보내는 편지를 통해 만키치와의 이혼에 동의한다고 전한 뒤 그녀는 김도미코라는 이름으로 살아왔다. 고향 땅을 밟을 수 있었다는 안도감 때문이었을까, 어머니는 1985년에 돌아가셨다.

김성규는 2000년에 영주 귀국하여 스고 젠이치로서 제2의 인생을 살아가게 된다.

흩어진 가족

젠이치는 1943년 8월에 나요시(名好, 레소고르스크)에서 태어났다. 부모님은 모두 아키타秋田 출신으로 함께 가라후토로 건너와 젠이치를 낳았다.

젠이치가 태어난 지 불과 두 달 뒤 아버지가 출정했다. 1945년 8월 소련군이 진공하여 긴급소개가 시작되자 오도마리(코르사코프)에서 인양선이 출발한다는 것을 알게 된 도미코는 어린 젠이치를 업고 필사적으로 항구로 향했지만 시간에 맞춰 도착하지 못했다.

모자는 사할린에 남게 되었다. 패전 국민이 된 모자가 소련 점령하에서 살아남으려 했을 때 혹독한 현실이 기다리고 있었다. 어머니는 김용종이라는 조선인 남성과 결혼했다. 그 역시 경상북도 안동에 가족을 남겨둔 상태라서 같은 처지 사람끼리 재혼한 것이었다. 두 사람 사이에서 네 명의 아이가 태어났다.

그러나 조선인은 소련지구미소송환협정에 따라 1946년 12월에서 1949년 7월까지 진행된 일본인 전기집단귀환에서 귀환선에 탈 수 없었다. 남편을 남겨두고 자기들만 갈 수는 없었다. 일가는 사할린에 남기로 했다.

젠이치는 의붓아버지에게 감사하고 있다. 마치 친아들처럼 길러주셨기 때문이다. 김성규라는 이름으로 조선학교에 다니게 된 것 역시 지극히 자연스러운 것이었다. 그래서 이후로는 일본어가 아닌 한국어를 사용해야 했다.

한국어 실력은 영 좋지 못했다. 러시아어는 5점 만점을 받았지만, 한국어는 늘 2점에 머물렀다. 5학년이 끝날 즈음에는 아버지에게 부탁해서 러시아학교로 전학했다. 1년을 유급해서 5학년에서 10학년까지 러시아학교에 다녔다.

1912년에 태어난 의붓아버지는 재배품종시험소에 근무하면서 작업반장이 되었다. 그러나 여행의 자유도 없는 무국적 상태로는 일하는 데 지장이 있었다. 당국의 강력한 요구도 있고 해서 일가족은 1954년에 소련 국적을 취득했다.

그러나 1956년의 일소공동선언에 따라 사할린에서는 1957~1959년에 후기집단귀환으로 일본인 여성과 그의 조선인 남편이 일본으로 귀국할 수 있었다. 젠이치 가족도 귀환 수속을 진행했다. 소련 관청은 일본으로의 귀환을 탐탁지 않아했다. 이미 소련 국적을 취득한 젠이치 가족에 대한 비난은 특히 심했다.

1959년에 일본 귀환 수속이 끝났다. 그러나 소련이 가장 좋은 나라라고 배워온 아이들은 부모를 따를 생각이 없었다. 아이들은 귀환 수속 서류가 부실하다는 것을 핑계 삼으며 소련에 남자고 부모님을 몰아붙였다. 결국 아이들의 뜻대로 되었다.

어머니 도미코는 비탄에 잠겼지만, 일본으로 돌아가면 가족 관계가 복잡해지는 것도 각오해야 했다. 한국의 안동에 있는 김용종의 처는 남편의 귀환을 줄곧 기다리며 두 아들을 기르고 있었다. 도미코는 이 같은 고뇌를 품고 있었던 것인지도 모른다.

젠이치는 고등학교를 졸업하고 대학에 진학했다. 그러나 병에 걸려 학업을 중단해야 했다. 그 뒤 일가는 레소고르스크로 이주했다. 병세가 회복되자 젠이치는 운전면허를 취득하고 1966년부터 소련식 국영농장인 소프호스에서 트럭 운전수로 일했다.

1967년 젠이치는 포로나이스크(敷香, 시스카)에서 유즈노사할린스크로 와서 홈스테이를 하고 있는 한 청년과 친구가 되었다. 포로나이스크로 돌아간 그 친구는 몇 개월 뒤 한 여성을 데리고 와서 소개를 해주었다. 나중에 아내가 되는 최명자崔明子였다. 두 사람은 이듬해인 1968년에 결혼했다.

가족의 재회와 또 한 차례의 이별

1950년대 후반에 일본인 아내와 함께 귀환된 조선인 남편들이 귀국 운동을 개시했다(291쪽 참조). 이후 사할린 잔류 조선인의 귀환을 둘러싸고 일본과 한국은 외교 교섭을 전개한다. 일본 측에 그 책임을 요구한 한국은 우선 이들을 일본으로 귀환시켜야 한다고 주장했다.

그러나 1950년대 후반에는 일본과 한국 사이에 국교가 정상화되지 않았고, 일본 제국의 조선반도 식민지 지배를 둘러싸고 한일회담에서 격렬한 논쟁이 펼쳐지던 시기였다. 전후보상 문제에 대해서는 아무런 인식도 없는 상황이라 사할린에 잔류한 조선인을 일본이 책임지고 귀환한다는 생각은 엄두도 못 낼 상황이었다.

1970년대가 되자 사할린잔류조선인회가 원고가 되어 일본 정부에 귀환을 요구한 이른바 '사할린 재판'도 전개되어 일본 정부도 차츰 도의적 책임을 인정하게 되었다. 그러나 가족과의 재회라는 인도적 문제는 냉전체제에 휘말렸다. 국익을 중시하는 관련국들은 사할린 잔류자의 인도적 문제를 해결하는 정치적·법적·도의적 책임을 경시했다.

일본과 한국, 소련 사이에 이해관계의 톱니바퀴가 움직이기 시작한 것은 1980년대가 되어서였다. 영주 귀국이 실현되려면 아직 갈 길이 멀었지만, 이 시기에 사할린과 한국의 가족이 일본을 방문하는 형태로 마침내 재회의 길이 열린 것이다.

젠이치의 가족도 이러한 흐름을 탈 수 있었다. 1960년대부터 일시 귀국을 가능하게 해달라고 탄원을 계속해왔는데 바야흐로 그 조짐이 보이기 시작했다. 1982년에 어머니 도미코와 젠이치가 일본을 방문했다. 그러나 가족이 재회하기 위해서는

도미코(왼쪽)와 젠이치의 일시 귀국을 전하는 《홋카이도신문》(1982.5.7.)

너무도 많은 시간이 필요했다. 《홋카이도신문》에 게재된 일시 귀국에 관한 기사에는 아버지에 대한 언급은 없이 아사히카와에서 도미코와 여동생이 재회했다는 소식만 소개되었다.

1985년에는 의붓아버지 김용종이 친아들(젠이치의 이복동생)을 데리고 일본을 방문했다. 그리고 여기서 한국으로 가 40년 만에 가족과 재회했다. 냉전이 종결된 후부터는 한국에서 직접 사할린을 방문하는 것도 가능해졌다. 한국에 있는 김용종의 처와 누나, 그리고 장남이 사할린에 왔다. 김용종은 1995년에 타계했다.

의붓아버지가 돌아가시자 젠이치는 곧바로 우체국으로 달려가 한국의 가족에게 전화로 부고를 전했다. 한국의 가족들은 화장을 해달라고 부탁했다. 곧 장남이 사할린으로 와서 아버지의 유골을 인수해 갔다. 의붓아버지는 지금도 안동에 잠들어 있다.

1985년에 돌아가신 어머니 도미코의 무덤은 유즈노사할린스크에 있다. 젠이치는 한국에 있는 의붓아버지의 본처로부터 도미코의 유골을 안동에 모시고 오라는 부탁을 들었다. 도미코를 남편 곁에 잠들게 하고 싶었던 것일까. 의붓아버지의 본처는 재혼도 하지 않은 채 100세 가까이 살다가 2013년에 타계했다. 젠이치는 지금도 안동의 가족들과 교류를 계속하고 있다.

'명자'에서 '다에코'로

젠이치의 아내 최명자는 일본으로 영주 귀국하려는 남편의 뜻을 따를 생각이 없었다. 젠이치는 어떻게 해서든 아내를 설득하려 했지만 조선인 아내에게 일본이란 별개의 세계였다.

영주 귀국하여 에베쓰에 정착한 뒤로도 사할린 생활을 그리워한 아내는 일본어를 배우려고도 하지 않고 러시아 티브이 방송이나 신문만 봤다. 그러던 어느 날 자전거에서 넘어졌는데 도와주러 온 일본인이 일본어를 하지 못하는 자신을 보고 놀라서 가버린 일이 있었다. 그때부터 분한 마음으로 마음먹고 일본어를 배우기 시작했다.

영주 귀국하기를 잘했다고 생각하게 된 것은 2010년이 되어서였다. 인사도 제대로 못하던 귀국 당초의 모습을 상상할 수 없을 정도로 지금은 주변 사람들과의 관계도 익숙해졌다. 낚시를 좋아하는 남편이 가지고 오는 생선이나 텃밭에서 기른 작물이 큰 역할을 했다. '다에코多惠子'라는 일본 이름은 일본사할린동포교류협회의 관계자가 지어주었다. 영주 귀국을 위한 수속을 할 때 '최명자'에서 성만 '스고'로 바꾸고 '명자明子'라는 이름으로 신청을 했다. 이렇게 되자 당연하다는 듯 '아키코明子'라 불리게 되었다. 아키코건 다에코건 일본식 이름이라는 점에는 다를 바가 없었다. 이왕지사 그렇다면 아예 일본식 이름을 짓는 것도 나쁘지 않다고 생각하고는 영주 귀국한 뒤 '스고 다에코'라는 이름으로 일본 국적을 취득했다.

다에코는 1943년에 조선반도와 만주의 국경 부근에서 태어났다. 일본 패전 후 일본인 귀환에 의해 부족해진 노동력을 보충하기 위해 소련 정부는 1946~1949년에 북조선에서 약 2만 명의 노동자를 받아들였다(281~282쪽 참조). 이들의 동반 가족도 적지 않았다. 계약 기간은 2년이나 3년으로 대개 어업이나 임업에 종사했는데, 한국전쟁이 발발하면서 사할린에 체류하게 된 사람도 많았다. 1948년에 노동자로 북조선에서 사할린으로 파견되었던 다에코의 아버지도 그중 한 사람이었다. 아버지는 1961년 다에코의 어머니가 죽자 실의에 빠져 1966년에 북조선으로 귀국했다.

딸들을 남기고 영주 귀국하다

스고 부부는 일본 생활에 완벽하게 적응하여 하루하루의 생활에 만족하며 살고 있지만, 사할린의 딸들은 부모님만 일본에 보낸 것이 마음에 걸리는 모양이다. 부모를 따라 일본에 가지 않은 것은 자매 중 누군가가 홀로 남겨지는 것을 원하지 않았기 때문이었다. 게다가 지금까지 쌓아올린 경력을 버리면서까지 일본에 갈 생각이 없기도 했다.

장녀인 알료나는 블라디보스토크의 극동국립대학에서 러시아어와 러시아문학을 전공한 뒤 오랫동안 학교에서 교편을 잡았다. 지금은 사할린 주정부의 청소년과에서 근무하고 있다. 부모님이 영주 귀국할 때 당연히 동반 귀국도 생각했다. 그러나 남편은 러시아인이고 아이들도 둘 있었다. 가족이 일본 생활에 적응할 수 있을지 걱정되었다.

알료나는 자신이 비록 '아시아인'이긴 하지만 일본인의 생활방식이 자기와 맞지 않다고 생각한다. 무엇보다 러시아를 깊숙이 꿰고 있다고 느끼는 교사로서 러시아어만큼 능숙하게 일본어를 구사할 자신이 없었다.

차녀 이라는 뛰어난 미용 기술을 갖췄다. 어머니의 일본어가 경이로울 정도로 발전한 것을 보고 자기도 할 수 있다는 자신감이 생겼다. 그러나 미용이나 의료와 관련된 자격증이 일본에서 통용되지 않는다는 것은 먼저 귀국한 사람들의 사

왼쪽부터 이라, 젠이치, 다에코, 손녀(알료나의 장녀). 삿포로에서

레를 통해 알고 있다. 에너지 관련 회사에서 근무하는 남편
지마는 일에 한창 몰두할 때이기도 해서 사할린에서 어느 정
도의 생활수준을 영위하며 살고 있다.

이라는 조선인으로 자랐다. 일본인의 피를 물려받았다는
것은 할머니가 일본인이었기에 어렴풋이나마 눈치채고 있었
다. 할머니는 일본 잡지를 곧잘 읽었고 일본어로 편지도 썼

다. 찾아온 손님들 중에 일본어로 말하는 사람도 많았다. 일상에서 일본적인 것을 접할 기회가 많은 사할린에서는 일본인 피가 흐르고 있다는 것은 특이한 일은 아니었다.

1982년에 할머니와 아버지가 일본에 일시 귀국한 것은 지금도 확실히 기억한다. 언제부터인가 '스고'라는 성도 들려왔다. 그렇지만 부모님이 일본으로 영주 귀국하리라고는 꿈에도 생각하지 못했다. 1990년대부터 이따금 일본을 방문한 후로 부모님의 영주 귀국은 현실이 되었다.

부모님의 건강이 나빠지거나 할 때면 안절부절못하며 일본으로 가서 부모님을 돌봐드리겠다는 생각으로 이것저것 찾아보고 서류를 준비하기도 했다. 그러나 부모님으로부터 자신의 길을 가라는 이야기를 듣고서는 단념했다.

홋카이도, 사할린, 인천

이라는 부모님이 영주 귀국하게 되어 매우 쓸쓸했지만, 일본 쪽이 안전이나 의료 환경이 잘 갖춰져 있다는 점에서 사실 안심이 되기도 했다. 언젠가는 부모님 곁에서 살겠다고 생각한다. 그러나 돌봐드려야 할 부모님은 한국에도 있다.

이라의 남편 김 지마 역시 조선인으로, 시부모님은 2007년에 인천으로 영주 귀국했다. 한국에서는 2000년에 안산으로 집단 귀국이 시작된 뒤로 입주자가 사망하여 '공실'이 될 때

지마와 이라 부부. 유즈노사할린스크 교외에서

마다 사할린 잔류자를 받아들인다는 정책을 취해왔다. 그러나 2007년부터는 각 지방자치 단체도 이들을 수용하기 시작해 지마의 부모님은 인천의 공영주택에 입주할 수 있었다. 어머니의 건강이 염려되었던 것을 제외한다면, 부모님이 영주귀국하는 것에 대해 지마는 주저하지 않았다. 그러나 영주 귀국하고 5년 뒤에 어머니는 세상을 떠났다.

지마는 아버지 김병수의 권유로 1996년에 삿포로에서 일본어를 배우고 그 후 한동안 그곳에서 일한 경험이 있다. 부모님은 곧잘 일본어로 내밀한 이야기를 하곤 했다. 지마가 일본어를 할 수 있게 되면서부터 부모님은 그런 이야기를 한국어로 했지만 지마는 그것이 마음에 들지 않았다. 아버지는 일본어, 한국어, 러시아어 3개 국어에 능통했다.

지마가 삿포로에 체류할 때, 부모님을 방문하기 위해 가끔 홋카이도로 와 있던 이라를 만났다. 두 사람은 같은 세대로 사할린에서 자랐지만 그때까지 만난 적은 없었다. 두 사람에게 삿포로는 운명의 도시였다. 부부는 삿포로와 인천의 부모를 찾는 것이 연중행사다.

2014년 4월 아버지의 80세 생일에 지마는 이라와 함께 한국으로 향했다. 모스크바에서 지마의 형 가족도 왔다. 홋카이도에서는 스고 부부도 달려왔다. 1년 전 스고 젠이치의 70세 생일에 사할린에서 가족이 모였을 때는 지마의 아버지 김병

지매(가운데)와 이라(오른쪽), 서울에서

수가 사할린으로 '역방문'해서 합류했다.

　한국으로 영주 귀국한 사람들에게는 사할린에 남겨진 가족과의 재회를 지원하기 위해 2년에 한 번씩 '역방문'의 기회를 주고 있다(300쪽 참조). 한편 일본사할린협회는 사할린에 잔류한 사람들이 일본을 일시 방문할 수 있도록 지원하는 사업을 전개하고 있다.

　일본, 한국, 러시아 세 나라의 문화가 공존하고 있는 지마와 이라의 멘탈리티에는 경계가 없다. 그들은 언젠가는 일본이나 한국에서 생활할 수도 있다고 생각한다. 지마에게는 일본에서 생활한 경험이 있고 이라의 부모님은 일본에 있다. 다만 둘이서 양쪽 부모님을 모두 방문하면서부터는 한국의 생활 방식이 러시아와 가깝다고 차츰 생각하게 되었다. 그렇지만 두 사람이 자기실현을 할 수 있는 나라는 러시아뿐, 그 밖의 다른 나라에서 일하는 것을 생각하기란 쉽지 않다. 무엇보다도 이들에게는 자신들이 러시아인이라는 의식이 각인되어 있다.

　사할린 잔류자에 대한 일본과 한국의 귀국 정책의 차이 때문에 사할린의 일본인과 한국인 가족이 러시아, 일본, 한국에 흩어져 살게 되는 것도 자주 볼 수 있는 광경이다. 그 속에는 이들이 각국의 귀국 제도를 활용하면서 구축해놓은 세 나라에 걸쳐 있는 '트랜스내셔널'한 생활 공간이 있다.

한국, 일본, 러시아에 걸쳐

지마의 아버지 김병수는 그야말로 한국, 일본, 러시아를 넘나드는 인생을 살아왔다.

그의 아버지는 다이쇼大正 시대(일본의 다이쇼 천황의 재임 시기, 1912~1926년-옮긴이)에 강원도 강릉에서 돈을 벌기 위해 일본으로 왔다고 한다. 각지를 전전하다가 가라후토에 정착했다. 그리고 그를 찾아서 아내가 병수의 형인 장남을 데리고 사할린으로 왔다. 김병수는 이곳에서 1934년에 태어났다.

김병수가 열한 살이 되었을 때 종전을 맞이했다. 귀국을 예상하고 있던 아버지는 한국어를 한마디도 하지 못했던 아이들에게 한국어를 배우게 했다. 3년 동안 조선학교에 다니면서 열심히 공부한 결과, 졸업한 뒤에는 한국어를 가르칠 정도의 실력을 갖춰 다라나이多蘭內의 학교에서 교사로 일했다. 학생들 대부분은 북조선에서 온 어업 노동자의 아이였다. 하지만 급료가 너무 적어서 곧 그만두었다.

그 뒤 하바롭스크의 철도대학에서 건축공학을 전공하고 설계회사에서 근무하며 기사장 지위까지 올라갔다. 일소 관계가 회복되어 일본어 수요가 늘자, 회사 업무 외에 일본어를 가르치는 일도 늘어났다. 이런 것이 계기가 되어 모스크바의 재무성이 조선소 관련 일로 일본으로 출장가게 되었을 때 통역으로 파견되었다. 시모노세키下關의 미쓰비시三菱 중공업

지마의 아버지 김병수. 인천에서

을 거점으로 하여, 약 반년 사이에 모지門司, 고쿠라小倉, 구마모토熊本, 벳푸別府, 히로시마廣島, 오사카大阪를 거쳐 도쿄까지 발을 들여놓았다. 1970년의 오사카 만국박람회에서는 소련관에서 통역도 담당했다.

1971년에는 스포츠 교류와 관련된 일로 삿포로, 오타루에서 열흘 동안 체류했고, 1996년에는 오사카, 도쿄, 고베神戶에 관광 통역으로 동행하기도 했다. 히타치日立 등 일본계 기업에서 근무할 때도 일본 출장을 가곤 했다.

병수의 형 병해는 타고난 덩치로 열여덟 살에 스모 대회에서 우승한 뒤 스모계에 들어가 '기요미나토淸港'라는 별명으로 활약했지만, 공습을 두려워한 어머니가 가라후토로 불러들였다.

병해는 사할린에서 제주도 출신 여성과 결혼했다. 이 여성의 가족은 에스토루의 타이헤이太平 탄광에서 일하고 있었다. 전전에 제주도 출신자 커뮤니티가 있는 오사카와 에스토루 사이에 정기선이 운항하고 있기도 해서 제주도에서 오사카로 이동한 사람이 이제는 사할린까지 오게 된 것으로 짐작된다. 에스토루와 그 이웃 마을인 토로의 탄광에는 제주도 출신자가 많았다고 한다.

소련이 붕괴한 뒤 김병해는 비자를 받고 아내와 일본을 방문하여 오사카에 살고 있는 처형도 만났다. 그 뒤에는 도쿄의 스모협회에도 가볼 요량이었지만 오사카에서 병으로 쓰러져 그대로 불귀의 객이 되었다.

병수의 동생은 1950년대 후반에 북조선으로 건너간 뒤로 행방불명이 되었다. 함께 북조선으로 간 동생 친구가 어느 날 갑자기 나타나서 당국에 끌려갔다는 이야기를 전해주었다. 그 뒤 어떻게 해서 연락처를 알아내어 송금도 했다. 한 번 인사 편지가 왔을 뿐 그 뒤로 소식은 없었다.

병든 아내를 데리고 한국으로 영주 귀국한 병수는 늘 간병으로 하루하루를 보냈다. 2012년 아내가 세상을 떠났다. 부엌에 들어가는 것조차 허락하지 않았던 아내였다. 부엌에 서 있는 아버지의 모습을 상상할 수 없었던 자식들은 어머니가 죽고 난 뒤 아버지가 너무 걱정되었다. 모스크바의 장남은 매일같이 전화를 걸어온다.

사실 2014년의 생일잔치는 그의 재혼을 기념한 것이기도 했다. 병수와 마찬가지로 독신이 된 사할린 귀국자 여성과 여생을 함께하기로 한 것이다. 두 사람은 발리, 제주도, 규슈 등지로 여행을 가기도 했다. 귀국한 나라라고 해서 반드시 그곳에서 '여생을 보내야 하는 것'은 아니다. 이 또한 또 다른 삶의 터전일 따름이다.

* 김병수 씨는 2018년 11월 4일에 서거했습니다. 고인의 명복을 빕니다.

7장

한국에 '영주 귀국'한 일본인 여성

히라야마 기요코(신보배)

한국 안산으로의 영주 귀국

사할린 잔류 일본인 여성 중에는 일본이 아닌 한국으로 '귀국'한 여성도 적지 않다. 2000년에 한국으로의 영주 귀국이 본격화하자 많은 사할린 잔류 조선인 1세대가 고향으로 향했다. 그들의 배우자 중에는 일본인 여성도 있었다. 2000년에 있었던 사할린 잔류 조선인의 집단 영주 귀국 당시 남편 박남수와 함께 안산에 정착한 신보배(일본 이름 히라야마 기요코平山淸子)도 그중 한 사람이다.

신보배는 1939년에 사할린의 크라스노고르스크에서 태어났다. 4형제 중 셋째였다. 그 후 일가족은 보슈냐코보(西柵丹, 니시사쿠탄)으로 이사했다. 아버지 신언진申彦珍은 강원도 출신으로 1900년에 태어났다. 식민지 시대에 돈을 벌기 위해 일본에 와서 홋카이도의 비바이美唄에 있는 탄광에서 일하다 그곳에서 시라토 쓰키와 만났다. 쓰키는 남편을 잃고 홀로 딸을 키우며 살다 신언진과 재혼하게 된 것이다. 당시 언진은 신씨 성의 본관인 '평산平山'을 창씨개명한 성인 히라야마를 사용했다.

신언진과 히라야마 쓰키 사이에도 장남 가쓰미勝公와 차남 가지오梶夫가 태어났다. 1936년 가라후토로 건너오게 되면서 쓰키는 전 남편과의 사이에 태어난 장녀를 친정어머니에게 맡겨야 했다. 이에 따라 쓰키와 딸은 각각 가라후토와 홋카이도에서 떨어져 살게 되었고, 일본 패전 후 쓰키가 사할린에 잔류할 수밖에 없게 된 뒤로 계속 떨어져 살았다. 모녀가 재회한 것은 1980년에 쓰키가 일시 귀국했을 때였다. 이는 어머니가 사할린에 잔류하고 딸이 일본에 있는 경우다.

보배 밑으로는 1946년에 태어난 여동생 히로코弘子가 있다. 패전 직전 아버지 신언진이 탄광에서 작업 중에 사고를 당해 자리보전을 하게 되었다. 일본인인 어머니는 한국인 남편과의 사이에서 태어난 네 명의 아이들과 더불어 전후의 사할린에서 삶을 꾸려나가야 했다. 아버지는 회복하지 못한 채 1948년에 사망했다.

보배는 1945년에 소학교에 입학했지만, 패전으로 일본학

안산의 '고향마을' 전경

교가 폐교되어 조선학교로 옮겨야 해서 1946년에 조선학교
에서 1학년을 한 번 더 다녔다. 이름도 히라야마 기요코에서
신보배로 바뀌었고 이때부터 한국어를 공부해야 했다. 다만
일본인 어머니와는 일본어로 말했기 때문에 일본어는 지금
도 익숙하다. 시골 마을에 있는 조선학교는 4학년까지만 개
설되어 있어서 보배는 레소고르스크(名好, 나요시)의 조선학교

로 옮겨 7학년으로 졸업했다.

소련 주류 사회로의 진입

1946~1949년에 걸친 전기집단귀환에 의해 귀환선이 출항했지만, 남편이 조선인인데다가 병석에 있는 상태였기 때문에 쓰키는 일본으로 귀환될 수 없었다.

보배가 한국 나이로 열세 살이던 1949년에 어머니는 조선인 임재훈과 재혼했다. 이미 큰오빠 가쓰미가 열아홉 살, 작은오빠 가지오가 열여섯 살이 되어 있었고, 보배에게도 키워준 아버지라는 느낌은 없었지만, 그는 자식들을 잘 돌봐주었으며 혈연과 관계없이 가족을 소중히 여겼다. 전라남도 완도 출신인 의붓아버지는 고향에 아내와 두 아들을 남겨놓고 있었다.

두 오빠는 고등교육을 받고 소련 사회에 적응하려 했다. 이는 어머니의 희망이기도 했다. 이를 위해 일가족은 1954년에 소련 국적을 취득했다. 가쓰미는 시베리아 케메로보에 있는 기술학교에서 공부했고, 가지오는 톰스크 공업대학의 전력학부에 진학했다. 따라서 1957~1959년까지의 후기집단귀환 시기에 장남은 성인이었고 차남도 대륙의 대학에서 공부하고 있었기에 일본으로 귀환될 수 있는 상황이 아니었다.

신보배, 박남수 부부. 안산 '고향마을' 자택에서

그러나 어머니 쓰키는 이 시기 보슈냐코보에 일본 배가 입항하면 선장을 자택으로 불러 보드카를 대접하는 등 일본 귀국의 꿈을 포기하지 않았다. 그러한 어머니 앞에서 자식들은 결코 일본에 가고 싶다는 말을 꺼낸 적이 없었다.

보배는 학교를 졸업한 뒤 우글레고르스크의 양복점에서 재단사로 근무하며 30년간 일했다. 견습생으로 경험을 쌓

은 뒤 7년간은 신사복을 만들었고, 그 후로는 부인복을 만
들었다.

결혼은 스무 살이 되던 1960년에 했다. 1960년과 1965년
에 장남과 장녀가 태어났지만, 1968년에 남편이 세상을 떠났
다. 그리고 1970년에 지금의 남편인 박남수와 재혼했다. 그
는 경상남도 출신으로 어릴 때 온가족이 일본으로 건너와서
오다와라小田原에서 농업에 종사했다고 한다. 일가족은 그곳
에서 다시 사할린으로 건너왔다.

어머니와 함께 일시 귀국

어머니 쓰키는 1970년 홋카이도 다키카와 시에 살고 있던
남동생의 초청으로 43년 만에 일본으로 일시 귀국했다. 홋카
이도에는 쓰키의 친척들과 어린 나이에 두고 온 장녀가 있었
다. 어머니가 일시 귀국할 때 보배가 동행했다.

8월 29일에 나홋카를 출항한 배는 쓰가루津輕 해협을 통과
하여 54시간 걸려 요코하마橫濱에 도착했다. 항구에는 보배
의 의붓언니가 마중을 나와 있었다. 사할린 잔류 일본인의 일
시 귀국이 아직까지는 드문 경우여서 쓰키 모녀의 재회 장면
에 언론의 관심이 쇄도했다. 환영하는 모습에 어리둥절했던
보배는 어머니와 한 걸음 물러서서 재회 장면을 바라보고 있
었다.

인터뷰도 해야 하고 정부 관계자와 면담도 있고 해서 도쿄에서는 5일간 머물렀다. 일본 정부의 배려로 프린스 호텔 23층에 숙박하는 등 융숭한 대접을 받았다. 그 뒤에는 홋카이도로 이동하여 두 달 정도 지냈다. 어머니는 다키카와의 남동생에게 신세를 지고, 보배는 스나가와砂川 시에 살고 있는 이부異父언니 신세를 지면서 친척을 방문하거나 여행을 즐기곤 했다. 장기간의 체류였으므로 돈도 준비했는데 지니고 온 현금 800루블은 엔화로 30만 엔 정도 되었다.

보배에게 일본은 멋진 곳이기는 했지만, 격식만 너무 따지는 터라 답답하다는 느낌이 들었다. 그때 외삼촌이 겉모습만이 아니라 내용까지 보라고 조언했다. 보배에게는 이 말이 일본이 경제적으로 발전했다고는 하지만 실제 생활은 매우 힘들다는 뜻으로 들렸다.

쓰키는 딸과는 재회했지만 어머니와의 재회는 이루지 못했다. 어머니가 일시 귀국 몇 년 전에 돌아가셨기 때문이다. 쓰키는 어머니의 핸드백을 유품으로 지니고 돌아왔다. 일시 귀국을 이룬 쓰키는 2년 뒤인 1982년에 세상을 떠났다. 그 핸드백은 지금 보배가 어머니와 할머니의 유품으로 소중히 간직하고 있다.

어머니 쓰키에게 이 일시 귀국은 딸과 친척을 다시 만나려던 오랜 비원이었지만, 그 후 보배의 가족은 생각지도 못한

1980년 일시 귀국 당시 정부 관계자와 면회한 쓰키(왼쪽에서 두 번째)와 보배(중앙). 오른쪽 끝이 보배의 이부언니(신보배 제공)

시련을 겪었다. 대학 재학 중에 입대한 장남은 능력을 인정받아 2년간 교육을 받으면 장교 과정을 밟도록 권유받았다. 수속을 위해 대학을 그만두고 서류를 갖추고 있는데 보배의 방일이 원인이 되어 장교 과정을 밟는 결정이 취소된 것이다.

그 뒤 장남은 전문학교의 교원이 되었지만 근무 중 심근경색으로 쓰러져 숨을 거두었다. 아직 서른 살의 젊은 나이였다. 보배는 자신이 일본에 다녀오는 바람에 장남의 꿈이 꺾여버렸고 마침내는 요절했다는 생각에 스스로를 책망했다.

의붓아버지의 가족을 찾아서

1990년대 러시아 경제가 파탄에 이르자 사할린에서도 엄혹한 생활이 이어졌다. 게다가 남편 박남수가 차츰 시력을 잃어갔다. 사할린에서는 치료를 할 방법이 없었고, 모스크바에서 한 수술은 성과가 없었다. 남편은 결국 1995년에 실명했다.

보배는 2000년에 남편과 함께 한국에 영주 귀국했는데, 처음에는 딸을 사할린에 두고 오기도 해서 4년 정도 일한 뒤에 사할린으로 돌아갈 생각이었다. 그러나 안산의 '고향마을'은 예상보다 살기 좋아 지금까지 15년간 줄곧 여기서 살고 있다.

모스크바로 이사하여 살고 있던 딸은 펼친 사업이 부진하고 이혼까지 하게 되자 보배가 한국으로 초청했다. 사할린의 자택을 팔아 귀국 자금을 마련했다. 딸과 손자는 지금 안산의 공장에서 일하고 있다. 공장 생활은 근무 시간도 길고 힘들지만 보배가 증손자를 돌봐주기 때문에 안심하고 근무할 수 있었다. 딸은 어머니가 있는 한국에 영주하기로 결정했다. 1년 동안 은행에 2000만 원을 저금하고 있어야 한다는 조건은 까다로웠지만 가까스로 2015년 11월에 영주권을 얻었다.

이제 걱정은 1986년에 타계한 의붓아버지 임재훈의 묘를 관리하는 일이었다. 어머니의 묘는 사할린에 살고 있는, 보배의 죽은 큰아들의 자식이 관리하고 있다. 같은 묏자리에 있긴 해도 의붓아버지의 묘는 관리되고 있지 않았다. 제사를 지내주는 사람도 없다. 언젠가 의붓아버지는 보배의 자식을 자신의 양자로 입양하면 안 되겠느냐고 말한 적이 있었다. 그때는 농담이라고만 생각하고 흘려들었다. 그러나 이제 와서 생각하니 의붓아버지는 타향의 흙이 되어 제삿밥조차 얻어먹을 수 없는 불쌍한 사후를 걱정하고 있었던 것이 아닐까 싶다.

보배는 의붓아버지가 전라남도 완도에 처자를 남겨두고 왔다는 것을 알고 있었다. 그가 완도를 박차고 일본으로 온 것은 좀 더 넓은 세계에 대한 동경 때문이었다. 이후 사할린으로 건너온 뒤 전쟁이 끝나고서도 잔류할 수밖에 없는 처지가 되자 차츰 고향을 그리워했다.

1985년 어느 날 한국의 KBS 라디오의 '이산가족 찾기' 방송에서 완도의 의붓아버지 가족이 아버지를 찾고 있다는 소식이 날아들었다. 그때 보배는 의붓아버지에게 한국에 연락을 해보라고 재촉했다. 의붓아버지는 "고향에 있는 자식들에게 연필 한 자루 사주지 못했다"며 어느 것 하나 아버지 역할을 한 게 없다는 사실에 책임을 느끼고 완도의 가족과 연락하려 들지 않았다.

그때 의붓아버지한테 캐물어서 알아낸 완도의 주소를 보

배는 기억하고 있었다. 하다못해 제사라도 지내달라는 심산으로 보배는 의붓아버지의 가족을 찾아가기로 결심했다. 1996년에 한국에 일시 귀국했을 때 KBS에 부탁하여 찾아봐 달라고 했지만 단서를 찾지 못했다. 2000년에 영주 귀국한 뒤로도 완도에서 의붓아버지의 이름을 대며 묻고 다니다 보면 찾을 수 있으리라고 낙관했지만, 좀체 실행으로 옮길 기회를 얻지 못했다.

'고향마을'의 사할린 귀국자 단체에 문의해보았지만, 그것도 잘 되지 않았다. 어느 날 통원을 하면서 친해진 버스 운전기사에게 사정을 말했더니 이를 불쌍하게 생각한 그가 유족을 찾는 일에 발 벗고 나서주겠다고 말했다. 그는 완도의 나주 임씨 종친회에 연락을 했다. 본관별로 조직되어 있는 종친회는 각 지역에 있고, 완도는 나주 임씨의 집성촌이기도 했으므로, 종친회를 통해 임씨가 많이 살고 있는 마을 이장의 연락처를 입수했다. 그 연락처로 전화를 해서 사정을 말했더니 놀랍게도 그 이장이 자신의 처지와 아주 비슷하다고 말하는 것이었다.

의붓아버지 가족과의 만남

보배가 의붓아버지의 장남으로 생각되는 이에게 연락을 하자 며칠 후 형제가 안산으로 찾아왔다. 보배는 의붓아버지의 사진을 보여주었다. 그러나 자식들이 어릴 때 임재훈이 고향을 떠났기 때문에 두 형제는 아버지에 대한 기억이 없었다. 사진 속 인물이 진짜 아버지인지에 대해 이들은 고개를 가로저을 수밖에 없었다.

게다가 이들 형제는 보배가 어떤 이해타산 때문에 자신들을 찾아온 것이 아닌가 하고 의심하는 눈치였다. 이를 알아차린 보배는 아버지가 돌아가신 날짜를 가족들에게 알려주고, 제사를 지내주면 좋겠다고 딱 잘라 말했다. 그리고 자신은 이것으로 목적을 달성했기 때문에 특별히 친척으로 지내는 것까지는 생각하지 않는다고 전했다.

그러자 형제는 대전에 숙부가 있으니 함께 가서 확인하는 것이 좋겠다고 제안했다. 대전의 숙부라는 분은 키가 작아서 의붓아버지와 닮아 보이지 않았다. 그러나 그는 사진을 보고 자신의 형이 틀림없다고 말했다. 이로써 자식 형제들은 보배의 의붓아버지가 자기들의 아버지라는 사실을 확신했다. 2003년의 일이었다.

2004년 한국에서 제정된 '일제강점하 강제동원 피해 진상규명에 관한 특별법'에 따른 조치로 2006년에는 전전 사할린에 강제동원되었던 사람들에 대한 국가 차원의 조사가 개시되었다. 그리고 강제동원된 사실이 인정되면 위로금을 지급했다. 사할린의 경우, 모집이나 징용에 의해 현지에 동원되

었으면서도 잔류를 강요당하여 귀환하지 못한 채 1990년 이
전에 사망한 사람도 피해자에 포함되었다.

　의붓아버지의 자식들이 보배의 집으로 찾아와 아버지가
사할린에 동원되어 잔류할 수밖에 없었다는 사실을 진술해
달라고 요청했다. 피해자 인정을 신청하는 데 보배의 협력이
불가결했다. 결국 임재훈이 강제동원 피해자라는 사실이 인
정되어 자식들에게 보상금 2000만 원이 지급되었다.

　의붓아버지의 자식들은 보상금을 받았다는 사실을 곧바로
알려주지 않았다. 아무런 성의도 표시하지 않은 점이 섭섭했
지만, 보배는 이로써 의붓딸이기는 하지만 자식으로서의 책
임을 다했다는 생각에 감개무량했다.

의붓아버지의 유골을 고향에

　그 뒤로도 의붓아버지의 자식들과는 수시로 연락하고 있
다. 그들은 사할린에 데려가주지 않겠느냐고 자꾸 졸라댔지
만 앞을 못 보는 남편을 혼자 둘 수는 없었다. 2013년 가까스
로 보배가 우글레고르스크에 가게 되어 그들에게 소식을 전
하자 자신들도 데려가주면 좋겠다고 했다. 아버지를 찾아 성
묘를 하고 유골을 한국에 안치하고 싶다는 것이다. 자기들끼
리 가서는 아버지의 묘를 찾을 수 없으리라 생각하고 보배는
승낙했다.

사할린에는 차남이 동행했다. 보배의 친구 중에 장의사가 있었으므로 사흘 만에 산소에 묻혀 있던 시신을 화장하는 수속까지 마치고 유골 상태로 가져올 수 있었다. 그때 차남은 보배의 어머니 유골도 함께 모셔오자고 제안했다. 어머니의 묘가 근처에 있으면 보배로서도 마음 편한 일이겠지만 일본인 어머니를 한국으로 데려올 수는 없었다. 어머니의 묘는 사할린에서 손자가 관리하고 있다.

자식들은 이미 완도의 어머니 유골도 화장을 한 상태였다. 이것과 사할린에서 가져온 아버지의 유골을 한 납골함에 담아서, 조국의 흙이 되고 싶었던 재외동포들을 위해 설치된 충청남도 천안의 '망향의 언덕'에 안치했다. 많은 사할린 잔류자들의 유골도 여기에 모셔져 있다. 그 뒤 의붓아버지의 자식들에게서 아버지 성묘를 가지 않겠느냐고 연락이 왔다. 그때에는 사정이 여의치 않아 가지 못했지만, 이듬해인 2014년 5월 어버이날에 둘째 아들의 사위가 와서 안내해주었다.

저마다의 영주 귀국

보배의 큰오빠 가쓰미는 기술학교를 졸업하고 하바롭스크에서 일하다가 2007년 한국에 영주 귀국했다. 보배와 마찬가지로 안산의 '고향마을'에서 살고 있다. 여동생 히로코도 한때 하바롭스크에서 생활하다가 충청북도로 영주 귀국했다.

안산 '고향마을' 자택에서

　한편 작은오빠 가지오는 2001년에 일본으로 영주 귀국했
다. 전기 기사가 된 가지오는 화력발전소 같은 데서 일하다가
1991년에 연금생활자가 되었다. 그러다 유즈노사할린스크에
NHK 지국이 설치되자 가지오는 일본어와 러시아어 실력을
살려 통번역자로 일했다. 패전 당시 국민학교 5학년이어서
일본어도 능통했다. 그 뒤 조선학교에 다니다가 다시 러시아

학교로 진학했다. 조선학교에서는 신영순申泳順이라는 이름을 사용했는데 이후로도 이 이름으로 살아왔다.

1990년에는 '가라후토 동포 일시 귀국 촉진 모임'의 제1차 방문단에 참가하여 일시 귀국할 수 있었다. 그때부터 다시 히라야마 가지오라는 이름을 사용했다. 이 일시 방문 때 가지오는 홋카이도에 있는 이부누나와 만났다. 자신의 기억 속에는 없는 사람이지만 54년 만의 만남이었다.

가지오는 자신을 역사의 희생자라고 생각하지 않는다. 일본의 라디오에서 중국 잔류 고아의 귀국 뉴스를 들었을 때 왜 사할린 잔류 일본인만 귀국할 수 없는가 하고 원통하게 느낀 적도 있었지만, 자신이 귀환되지 않은 것에 대해 크게 분해하지 않았다. 하지만 늘 일본인으로서의 정체성을 가지고 있었다.

2015년 봄 보배는 가지오가 사는 삿포로를 방문했다. 영주 귀국 전 히라야마 형제는 사할린의 유즈노사할린스크, 우글레고르스크, 그리고 대륙의 하바롭스크에 각각 떨어져 살아 만나기 쉽지 않았지만, 일본과 한국에 영주 귀국하게 된 후 오히려 만날 기회가 늘어났다. 가지오도 종종 형제들이 있는 한국을 방문한다.

하지만 보배의 일본 방문 일정은 길지 않다. 앞에서도 말했듯이, 안산에 혼자 있는 남편이 신경 쓰여 어쩔 수 없다. 자신이 없으면 남편은 아내가 자기를 버리고 사할린으로 돌아가 버렸다고 생각하며 식사도 하지 않기 때문이다. 남편을 신경 쓰느라 보배가 사할린으로 '역방문'한 것은 2013년이 처음이었다. 그때도 예정을 단축하여 빨리 한국으로 돌아왔다.

일본인이라는 의식이 강한 가지오는 일본에서 살고, 어린 시절 어머니를 따라 일본을 방문하여 답답함을 느낀 보배는 한국에 산다. 히라야마 형제는 각각 영주 귀국할 나라를 골라, 일본과 한국에 흩어져 생활하고 있다. 삶의 무대는 사할린과 하바롭스크에서 삿포로와 안산으로 변했지만, 영주 귀국을 하고 나서도 형제들이 왕래한다는 점은 변함이 없다.

3부

사할린에서 살다

8장

도마리의 흙이 되다

이시이 요시

'도마리오루'에서 '도마리'로

사할린 서해안에 있는 항구도시 도마리의 지명은 가라후
토 시대의 '도마리오루泊居'와 발음이 비슷하다. 도마리는 남
사할린을 점령한 소련군이 전후에 대대적으로 진행한 지명

변경 과정에서 '도마
리오로'(항구의 안쪽)라
는 아이누어 지명에
서 유래하여 붙여진
두 개의 지명 중 하나
다. 지명뿐만 아니라
사할린 주정부가 역

도마리오루 신사 자리에 남은 도리이

전전 오지제지 도마리오루 공장(전국가라후토연맹 제공)

오지제지 도마리오루 공장이 있던 자리의 현재 모습

전전 도마리오루(삿포로 시 중앙도서관 디지털라이브러리 제공)

도마리 마을 전경

조선인의 성묘(현무암 촬영)

사적 유산으로 보존하고 있는 도마리오루 신사의 도리이鳥居
나 돌비석, 그리고 오지제지의 공장터 역시 그 당시의 모습을
드러내고 있다.

　전전 도마리오루에는 제지업이나 수산가공업이 번창했는
데, 1937년에 구슌나이(久春內, 일인스크)까지 철도가 연장되
기 전까지는 가라후토 서쪽 철도 노선의 북쪽 종점이었다.

도마리의 일본인 진혼비

그 북쪽의 우글레고르스크(에스토루)나 레소고르스크(名好, 나요시)까지는 노반 공사가 진행되고 있었을 뿐 아직 정비되어 있지 않았다. 여기까지 철도가 개통된 것은 소련 시대에 와서였다.

1980년대에는 사할린 섬에서 가장 폭이 좁은 곳까지 철도가 놓임에 따라, 유즈노사할린스크에서 서쪽 노선을 경유하

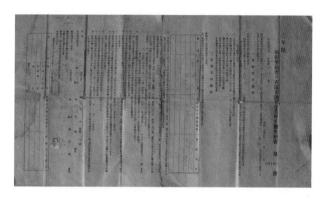

북조선 파견 노동자의 노동계약서(도마리도서관 소장)

지 않고 동쪽 노선으로 도마리까지 닿을 수 있게 되었다. 저
녁에 출발하면 꼬박 하룻밤이 걸려 다음 날 아침 해뜨기 전
에 도착하는, 하루에 단 한 번 있는 열차를 타고 사람들은 그
먼 거리를 오가고 있다.

　패전 전에 인구가 1만 명을 넘었던 도마리는 전후에도 수
산업이나 맥주 공장, 벽돌 공장 같은 산업 시설로 번성했다.
그러나 일본 통치기에 조성된 바둑판 같은 구시가지는 쇠퇴
하여 최근에는 공터나 빈집이 눈에 띈다.

　약간 높은 언덕에 형형색색의 아파트가 늘어서 있는 신시
가지와 확연히 대조적이다. 이시이 요시石井ヨシ는 이 신시가
지의 한 귀퉁이에서 살고 있다.

　8월 15일이 되면 해안을 따라 있는 언덕 위 묘지 여기저기

에 성묘하는 사람들이 보인다. 그 대부분은 조선인들의 묘지다. 요시의 조선인 아버지도 여기에 잠들어 있다. 그 한 편 구석에는 소련 참전 후에 전화戰禍에 휩쓸려 희생당한 일본인의 진혼탑이 서 있다.

이시이 요시가 아버지의 성묘를 막 마칠 무렵에 우리는 그녀를 만났다. 무릎이 좋지 않은 요시는 차가 없으면 성묘를 갈 수 없다. 이날은 손녀딸이 함께해주었다. 그리고 넷째인 딸 토마가 이제 갓 개업한 카페에서 저자들을 맞아주었다.

요시는 선물로 준비한 일본 잡지를 기쁘다는 듯 건네받았다. 일본 잡지를 읽는 것이 즐거움이지만 도마리에서는 좀체 구하기 힘들다고 한다. 1990년대 초 유즈노사할린스크에 사할린일본인회의 사무소가 개소하자 당시 일본사할린동포교류협회의 오가와 요이치小川峽一당시 사무국장은 현지의 요망에 따라 일본 서적을 대량으로 보냈다. 오가와는 도마리의 이시이 요시도 먼 곳에서 책을 빌리러 자주 왔다고 회상한다.

일본에는 3년쯤 전에 방문한 것이 마지막이다. 지금까지 이따금씩 일시 귀국을 했지만 최근에는 무릎이 아파서 걷기 힘들어졌다. 홋카이도의 형제들을 만나러 가는 것은 이제 포기했다. 요시는 도마리에서 인생의 대부분을 지냈다. 그리고 도마리의 흙이 될 작정이다.

패전 직후 일본인 거주자 명부(도마리도서관 소장)

패전, 결혼, 잔류

이시이 요시는 1928년에 후쿠오카福岡에서 태어났다. 다섯 살 되던 때 아버지가 돌아가시자 어머니는 자식 다섯을 데리고 친정이 있는 홋카이도로 돌아왔다. 형제들이 가라후토에 있었기에 일가족은 홋카이도에서 가라후토로 건너갔다.

가라후토 동해안의 치카호로近幌, 치하야)의 소학교에 입학한 요시는 곧 마오카로 이사했다. 어머니가 홋카이도 출신 남성과 재혼했기 때문이다. 소학교 5학년이 되자 도마리오루에서 살게 되었고, 이후 계속 이곳에서 살아왔다.

1945년 8월 11일 소련이 가라후토 점령 작전을 본격화하자 가라후토청은 홋카이도로 긴급소개를 개시했다. 도마리오루에서도 서둘러 피난을 준비했는데, 돈이 많은 사람들에게는 큰일이었겠지만, 가난한 사람은 그럴 필요가 없었다. 요시의 가족은 현지에 머무르기로 했다. 젊은 여성들이 머리칼을 싹둑 자르고 남장을 했다는 이야기는 들었지만 요시에게 무서웠던 기억은 없다.

패전 후에는 요시도 삼림벌목 작업에 동원되었다. 도마리에서 북쪽의 일인스크의 산에 들어가 벌목한 가지를 태우는 작업이나 운반로의 정비 작업을 맡았다. 힘을 쓰는 일은 북조선에서 파견된 노동자가 했다. 조선인 노동자와 일본인 여성들이 함께 작업을 한 것이다.

요시의 아버지도 같은 작업장에서 일했다. 어느 날 아버지는 최라는 성을 가진 조선인 남성을 데리고 왔다. 그는 전전에 오사카에서 생활하다 해방과 더불어 고향인 북조선으로 돌아갔지만 1946년에 파견 노동자에 응모하여 치시마千島에서 일했다. 그곳에서 러시아어를 배운 뒤 통역으로 사할린에 왔다고 했다. 아버지는 그가 훌륭한 사람이라고 높이 평가하면서 요시의 결혼 상대로 점찍었다.

1947년에 요시는 최와 결혼했다. 이 해는 전년에 맺어진 소련지구미소송환협정에 의한 전기집단귀환이 본격화되던 시기였다. 이시이 가족도 귀환 준비를 서둘렀다. 그런데 농가는 씨앗(농작물의 씨앗으로 쓸 곡물)을 바치지 않으면 귀환이 불가능하다는 통고를 받았다. 공교롭게도 이시이 일가는 굶주림을 면하기 위해 씨앗으로 쓸 곡물까지 식량으로 써버렸던 터였다.

대신 당국은 후계자를 정해두고 귀환될 것을 명령했다. 오빠는 전전에 출정했고 언니도 이미 출가했기 때문에 형제 중에서는 요시가 가장 연장자였다. 아버지는 점찍어두었던 최를 명의인으로 해서 후계자로 정하고 요시를 시집가게 하여 온가족이 일본으로 귀환되었다. 요시는 자신이 희생양이 되어 가족이 귀환될 수 있었던 것을 다행이라고 생각한다.

'최 요시'로 살다

요시는 남편의 성을 따라 최 요시가 되었고 딸만 다섯을 낳았다. 일본인들이 대부분 귀환됨으로써 조선인 커뮤니티가 우세해지자 한국어를 배워야 했다. 남편에게 한국어를 배워 읽고 쓸 수 있게 되었다. 보통은 한국어로 이야기를 하고 모르는 단어가 나올 경우 일본어로 남편에게 물었다.

도마리에는 조선학교가 있었지만 아이들은 모두 러시아학교에 다니게 했다. 1958년이 되자 소련 당국은 조선인에게 소련 국적 취득을 촉구했다. 나홋카의 북조선 영사관이 사할린 잔류 조선인을 자국의 공민으로 만들기 위해 한 선전활동에 대한 대응 조치였던 것으로도 보인다. 그때까지는 아직 대부분의 사람들이 조국으로 귀환하는 데 지장이 있다고 생각하여 소련 국적 취득에는 신중했지만, 요시 부부는 망설임이 없었다.

당시에 요시 부부는 고향으로 돌아가는 것을 고려하지 않고 함께 이 땅에서, 언제까지나 함께 살자고 서로 맹세했다. 1957~1959년까지의 후기집단귀환에서 대부분의 일본인 여성이 조선인 남편과 아이들을 데리고 일본에 귀환될 때도 요시는 거들떠보지도 않았다.

이제는 불필요해진 일본어는 아주 잊어버렸다. 게다가 요시는 러시아어를 배우는 일도 없이 한국어만 구사하면서 살아왔다.

가정에서도 한국어를 주로 사용했기 때문에 아이들은 어머니가 일본인이라고는 상상조차 못했다. 장녀가 우연히 어머니 여권의 '민족'란을 보고 '일본인'이라는 것을 알게 되었을 때 요시는 정말로 미안하다는 마음뿐이었다. 조선인 커뮤니티에 편입된 잔류 일본인 중 대다수는 조선식 이름을 쓰고 한국어를 사용함으로써 일본인이라는 사실을 가능하면 드러내지 않으려 했다.

1962년에 요시는 홋카이도의 가족 앞으로 편지를 보냈다. 어린 시절 자신의 고향은 홋카이도라는 것을 어머니에게 들으며 기억하고 있던 주소가 있었다. 곧장 답장이 와서 그때부터 편지 교환이 시작되었다. 요시는 아무것도 걱정할 게 없다고 가족을 안심시켰다.

말은 그렇게 했지만 안정된 생활이 지속되고 있었던 것은 아니었다. 남편은 아들을 원했던지 "아이들을 데리고 일본으로 돌아가라"고 말을 꺼냈다. "아이들을 내 배 속에 집어넣어 옛날 몸으로 되돌려주면 돌아가겠어요." 요시는 이렇게 대답을 했지만, 남편은 바람을 피웠고 둘은 그대로 헤어졌다. 1963년의 일이었다.

자립과 재혼

요시는 다섯 명의 아이들을 혼자서 떠안게 되었다. 어찌할 바를 모르던 요시는 직접 나가서 일을 했다. 당시에는 아직 구시가지가 중심이었고 주택지가 신시가지로 확대되고 있던 시기였다. 건축 붐 속에서 미장일은 여성이 팀을 이루어 담당하기도 했기에 요시도 미장일을 했다. 쉰 살이 넘을 때까지 18년간 일한 결과 지금은 연금도 받고 있다.

요시는 조선인 팀의 일원으로 일했다. 러시아인은 러시아인끼리 팀을 짰다. 동료들은 요시가 일본인이란 것을 알고 있어도 누구 하나 신경 쓰지 않았다. 요시의 활발한 성격 덕분이었겠지만 모두들 잘 대해주었다. 다만 일본인이라는 이유

도마리 자택에서 부엌일을 하는 이시이 요시

로 제 마음대로 '코'를 붙여 자신을 '요시코'라 부르지만 않아
주었으면 했지만, 결국 지금까지도 조선인 커뮤니티에서는
'요시코'로 통한다.

　요시는 그 사이에 같이 건설 작업원으로 일하던 남성과 재
혼했다. 전전에 징용으로 동원되어 시스카의 비행장 건설 현
장에서 일하던 조선인이었다. 당시 시스카의 비행장이나 도

로공사 현장에는 조선반도에서 징용된 노동자가 많았다.

두 번째 남편도 일본인 전처와의 사이에 다섯 아이가 있었다. 결혼을 권유하는 주변 사람들에게 요시는 어떻게 아이를 열씩이나 키우느냐고 말하며 어깨를 늘어뜨렸다. 같이 살게 되면 남편 쪽 아이들은 친모 쪽으로 돌아갈 거라서 걱정 없다며 주변에서 등을 떠밀었다.

남편은 아주 친절한 사람이었다. 나중에 일본에 일시 귀국했을 때 남동생이 사할린 잔류 일본인을 그린 기시모토 요코岸本葉子의 저서《안녕 니나다さよならニナーダ》를 사준 일이 있다. 이 책에는 조선인 남편이 일본인 아내에게 폭력을 휘두르는 이야기가 나온다. 요시는 자신에게는 이 같은 일이 한 번도 없었기에 이들이 안됐다고 생각했다.

아이들이 열 명이나 되니 곧잘 다툼이 일어나곤 하여 하루하루가 힘든 나날이었다. 그렇지만 이 또한 주변 사람들의 충고대로 남편 쪽 아이들이 하나 둘씩 전처가 있는 홀름스크로 돌아갔고, 2, 3년이 지나자 전처 소생 아이들은 모두 떠나갔다. 나중에 전처는 일본으로 귀국하여 아이들과 손자들을 초청했다.

그런데 자식 교육이 생각대로 잘 되지 않았다. 요시는 자신이 소학교밖에 못 다녔기 때문에 어떻게 해서든 자식들은 대학에 진학하기를 원했다. 그러나 대학을 졸업한 것은 셋째 딸

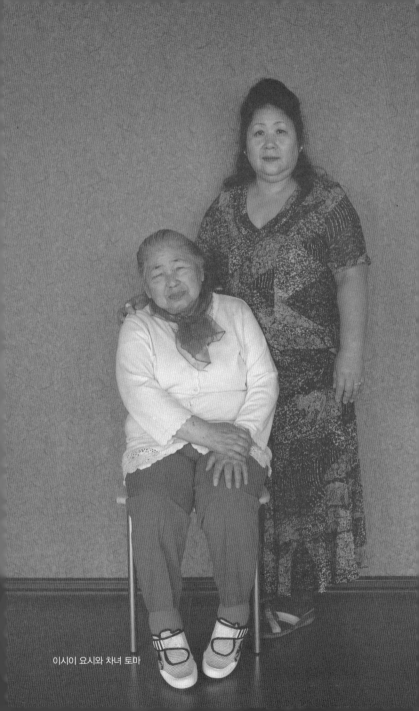

이시이 요시와 차녀 토마

하나뿐이다. 의학을 공부했고 지금은 포로나이스크에 살고 있다. 장녀는 유즈노사할린스크에서, 다른 아이들은 도마리에서 산다. 남편을 잃은 네째 딸은 근처에 살면서 요시를 돌봐준다.

남편이 세상을 떠났을 때 전처가 살던 홀름스크에 연락을 하니 차남이 왔다. 산소가 도마리에 있는데 누가 제사를 지내느냐는 문제가 남았다. 조선식대로라면 아들이 물려받아야 할 터이다. 요시가 남편의 영정을 건네며 다짐을 받으려 하니 전처 소생의 아들도 고개를 끄덕였다.

하지만 어느 날 영정이 담긴 주머니가 요시의 집 담장에 걸려 있었다. 어머니와 형제들이 일본으로 귀국한 상황에서 제사를 지내는 것이 곤란하겠구나라는 점을 이해할 수 있었다. 남편의 제사는 이제 요시의 딸 토마가 매년 지내고 있다.

일본으로 일시 귀국하다

요시가 처음으로 일본에 일시 귀국한 것은 1984년이었다. 언니의 초대로 일본에 가게 되었는데, 그때는 내키지 않는다는 느낌이었다. 가족과는 1947년에 헤어진 이래 처음으로 재회하는 것이었다.

일시 귀국에는 남편이 동행했다. 당시 일본으로 귀국할 수 있는 길이 겨우 열리기는 했지만 교통은 아직 불편했다. 가족이 있는 홋카이도로 가려면 유즈노사할린스크에서 하바롭스크로 날아가서 다시 니가타와 도쿄를 경유해야 했다. 사이타마에 살고 있는 오빠가 니가타까지 마중을 와주었다. 도마코마이苫小牧에 있는 큰언니와 삿포로의 둘째 언니는 94세와 93세, 그리고 사이타마의 오빠는 89세로 건재했다.

첫 방문 당시에는 석 달 동안 일본에 체류하면서 가족이나 친척들을 만나고 여기저기 불려 다니곤 했다. 신문의 일시 귀국자 명단 속에서 이시이 요시의 이름을 발견한 도마리오루 소학교 동급생들까지 찾아와 당시의 선생님까지 초청해서 동창회를 열어주었다.

그다음에 귀국했던 것이 1987년. 지금까지 몇 년에 한 번씩은 일본에 다녀가곤 하는데, 그때마다 딸들을 교대로 동반했다. 딸들은 어릴 적에는 엄마가 일본인이라는 것을 알고서 원망했지만, 지금은 한국어뿐아니라 일본어도 사용할 수 있다면 일본에 와도 창피를 당하지 않아 좋았을걸 하고 원망하고 있다. "이미 늦은 일인걸"이라며 요시는 눈웃음을 짓는다.

한국으로의 영주 귀국도 불가능하지는 않았다. 2000년 이후 한국이 사할린 잔류 동포의 수용을 본격화하면서 요시는 남편과 함께 한국에 가는 것도 가능해졌다. 남편이 그 이야기를 꺼내자 "나는 안 갈테니 당신 혼자라도 가세요"라고 대답했다. 한국에 형제들이 있는 남편의 기분은 알겠지만, 나를 남겨두고 어딜 갈 작정이냐라는 것이 속내였다.

요시는 한국뿐 아니라 일본에도 영주 귀국할 생각이 없다. 배급제도가 실시된 전전이나 패전 직후의 시기는 끼니를 때우는 것조차 쉽지 않았으므로, 요시에게는 지금이 가장 행복한 시대다. 어디에 있느냐는 문제가 되지 않는다. 최근에는 무릎에 힘이 빠져 걷기 힘들어졌지만, 지금까지 크게 앓은 일도 없이 살아올 수 있었다. "러시아가 가장 좋답니다." 요시는 천성적인 낙천가다.

도마리의 일본인

"길바닥에 뒹굴고 있는 돌멩이를 베어 먹는 한이 있더라도 아이들과 헤어지지 않겠다." 요시는 첫 남편과 헤어진 뒤 다섯 아이들을 혼자서 감당해야만 하던 때도 반드시 모두 함께 살리라고 이를 악물었다. 아이들을 타인에게 맡기고 일본으로 돌아가버린 사람이 있는데 그녀는 그것을 지금도 이해할 수 없다.

조선인 가족의 양자가 된 일본인 아이들이 양부모에게 두드려 맞고 울면서 집에서 뛰쳐나오는 모습을 몇 차례나 목도했다. 그렇기에 요시는 아이들을 남에게 넘긴다는 건 생각조차 하지 않았다. 혼기가 된 다섯 딸을 하얀 드레스를 입히고 면사포를 씌워 시집보낸 일이 인생의 자랑거리다.

조선인의 양자가 된 아이가 어른이 된 뒤 주변 사람들에게서 일본인의 아이라는 이야기를 듣고서 부모를 찾아가려고 해도 무엇 하나 단서조차 없는 경우가 많다. 양부모가 나이가 들어 병들자 죽음을 앞두고서 친부모의 이름만 알려준 경우도 드물지 않다. 일본인의 아이라는 사실을 알게 되더라도 부모의 이름조차 모르고 일본 땅을 밟지도 못한 채 세상을 떠난 이도 있다.

이웃의 데라야마 마이코寺山マイコ(나경애)도 조선인 양아버지가 죽기 직전에 자기의 일본 이름을 알려준 경우다. 그 뒤 일본에 가서 부모님을 수소문했지만 찾을 수는 없었다. 데라야마는 조선인 남편과 더불어 2012년에 한국으로 영주 귀국했다.

요시는 데라야마가 일본인이라는 것을 알고난 뒤부터 그녀와 교제하기 시작했다. 그때부터 수시로 함께 일본으로 일시 귀국하곤 했다. 조선인 의붓아버지 슬하에서 유복했을지 모르겠지만 일본에서 가족을 찾지 못한 데라야마의 처지가 딱했다. 마찬가지로 조선인 가정으로 입양된 신보 마사코新保マサコ(정영자)의 경우에는 일본 가족을 찾을 수 있었다. 신보 역시 데라야마를 뒤따르려는 듯 조선인 남편과 더불어 한국으로 영주 귀국했다.

예전에는 도마리에도 일본인이 꽤 많았다. 행사가 있을 때

데라야마 부부(왼쪽)와 신보 부부. 김포에서

는 사할린일본인협회의 시라하타 마사요시白畑正義 회장의 집을 아지트로 하여 자주 모였다. 그러나 이제는 대부분의 사람이 세상을 떠났다.

사할린에 친척이 없다는 점에서 비슷한 처지였던 데라야마와는 서로의 집을 곧잘 왕래하는 사이였다. 그 데라야마가 한국으로 가버려서 쓸쓸해진 것은 분명하다. 그러나 계속 한국행을 주저하던 데라야마가 지금은 "좀 더 일찍 왔더라면 좋았을 텐데"라고 말하는 것을 들으니 안심이 된다.

* 이시이 요시 씨는 2016년 2월 9일에 서거했습니다. 고인의 명복을 빕니다.

9장

친아버지와 친어머니를 끌어안고 싶다

엔도 기젠

코르사코프의 일본인 위령비

일본의 패전을 앞두고 사할린에서 홋카이도로 긴급소개를 하기 위해 많은 사람이 오도마리로 밀려들었다. 지금은 코르사코프에서 왓카나이稚內까지는 연락선으로 겨우 다섯 시간 반이면 연결된다.

아니와ァニヮ만을 내려다보는 언덕 위에는 일본으로 돌아가지 못한 채 죽은 일본인의 위령비(평화와 진혼의 비)가 서 있다. 한자를 알 수 없는 지역주민들에게는 단지 콘크리트 대臺에 불과하리라. 하이킹에 나선 가족이 준비해온 음식을 펼치기에 딱 좋은 장소다. 그 때문인지 다소간 쓰레기가 흩어져 있기도 하다.

코르사코프의 일본인 위령비

이 쓰레기를 청소하는 것이 엔도遠藤 기젠 씨다. 위령비 주
변이 어질러져 있으면 마음이 아프다. 그렇지만 기젠이 위령
비를 찾기 시작한 것도 최근 몇 년의 일이다. 기젠은 오랫동
안 자신이 조선인이라고 생각하며 살아왔다.

전전의 시루토루(삿포로 시 중앙도서관 디지털라이브러리 제공)

양자로 입적하다

엔도 기젠은 1952년에 마카로프(知取, 시루토루)에서 태어났다. 전후에 태어난 기젠이 어떤 연유로 사할린 재류 '일본인'이 된 것일까.

기젠은 박기전이라는 이름의 조선인으로 자랐다. 그의 정식 이름이다. 친아버지의 성인 엔도는 일본인 커뮤니티에서만 쓰고 있다. 자신의 출신을 알게 되어 일본에 일시 귀국한 후부터 엔도 기젠이라는 이름을 사용한다. 참고로 기젠이란 이름은 기전이라는 한국 이름의 러시아 표기를 일본식 발음으로 읽은 것이다.

기젠은 태어난 지 사흘 만에 조선인 가정에 입양되었다. 부모님은 전후 사할린에 잔류하게 된 일본인이었는데, 어머니가 기젠을 임신한 사실을 알지 못한 채 아버지는 어느 수용소로 끌려갔다. 홀로 아이를 길러낼 방도가 없었던 어머니는 아이를 남겨둔 채 병원에서 사라졌다. 그때 아이를 갖지 못했던 한 조선인 부부가 그 아이를 입양했다.

1957년에 일소공동선언에 의한 후기집단귀환이 시작되자, 어머니가 기젠을 찾으러 왔다고 한다. 그러나 그 누구도 기젠이 사는 곳을 가르쳐주지 않았다. 어머니는 어쩔 수 없이 홀로 일본으로 돌아가야 했다.

기젠은 양아버지의 '박'이라는 성을 물려받아 박기전이라는 이름으로 살아왔다. 그런데 양어머니가 중병에 걸리자 양아버지는 가족을 버리고 집을 나가버렸다. 기젠이 서너 살 때로 기억조차 어렴풋한 나이의 일이었다. 곧 양어머니가 병으로 돌아가시자 기젠은 외할머니의 손에 길러졌다. 그것이 기젠의 시련의 시작이었다. 기젠은 가족이라기보다는 하나의 일손으로 취급되었다.

외할머니 입장에서는 딸이 입양한 일본인 아이는 타인이나 마찬가지였다. 일본인들만 귀환되고 자신들 같은 조선인들은 자유롭게 고국으로 돌아가지 못하는 상황에서 기젠이 조선인들의 원망의 배출구처럼 간주되었을지도 모른다. 이는 동거하던 외삼촌, 즉 양어머니의 형제들도 마찬가지였다.

그 당시 기젠은 자신에게 부모가 없기 때문에 외할머니 가족에게 학대를 당하는 것이라고 생각했다. 사촌들은 모두 할머니나 부모님한테 사랑을 받았다. 결국 자신이 어머니의 친아들이 아니라는 생각이 어렴풋이 들기 시작했다.

기젠은 어렵사리 조선학교에 다닐 수 있게 되었지만, 아침부터 저녁까지 일을 해야 했다. 아침 일찍 변소에서 똥을 퍼서 지게에 지고 1킬로미터나 떨어진 감자밭까지 옮기고 나서야 학교에 갔다. 방과 후에도 밭을 갈아야 하는 나날이었다. 주말에는 짐수레에 감자를 가득 실어 시장에 있는 외할머니의 가게까지 시간 안에 배달하지 않으면 혼쭐이 났다. 외삼촌은 술만 취하면 영문 모를 폭력을 휘둘렀다.

괴롭힘을 견딜 수 없었던 기젠은 역에 가서 기차 안에 숨거나 숲속에서 지냈고, 때로는 친구네 집 다락방에서 기숙하기도 했다. 그럴 때는 친구가 가지고 온 빵과 물로 빈 배를 채웠다. 그야말로 '집 없는 아이'의 이야기 세계인 셈이다. 기젠의 아내는 한때 러시아인들이 푹 빠졌던 브라질의 드라마 〈에스크라바 이자우라〉(여자 노예 이자우라)와 같다고 했다.

기젠은 7학년이 될 때까지 조선학교에서 배운 뒤 제지 공장에서 일하면서 야간학교를 졸업했다. 기젠에게 학창시절의 추억은 거의 없고 친구도 제대로 사귀지 못했다. 불우한 시절이었다.

결혼과 가족에게서 해방되다

1975년 10월에 엔도 기젠은 조선인 여성 이정숙과 결혼했다. 정숙의 아버지와 어머니는 각각 1912년과 1921년 출생으로, 전전에 한국의 대구에서 가라후토로 왔다. 아버지가 강제동원되자 어머니도 아버지를 따라온 것이다. 정숙은 이 집안의 장녀로 태어났다. 기젠과 동갑이다. 아버지는 1970년대에 돌아가시고, 어머니는 1991년에 일시 귀국하여 가족들과 재회했지만, 영주 귀국을 이루지 못하고 1999년에 타계했다.

두 사람이 사귈 때 기젠은 자신이 겪어온 고난에 대해 한마디도 하지 않았다. 결혼한 뒤 얼마 동안 남편의 '시댁'에서 살게 된 정숙은 학대당하는 남편을 보고 기겁을 했다. 남편은 직장 일을 마치고 집에 돌아와서도 일을 해야 했다. 정숙도 식사나 청소는 물론 가족 모두의 빨래 등 갖은 집안일을 했다. 남편을 위해서도 정숙은 남보다 갑절 노력했다.

그러나 가족들의 학대가 정숙에게도 이어졌다. 어느 날 저녁 식사가 마음에 들지 않는다는 이유로 외삼촌이 정숙에게 음식을 집어던졌다. 도저히 참을 수 없었던 정숙은 "나는 이곳에서는 살 수 없어요. 남고 싶으면 혼자 남으세요"라고 남편에게 고하고 친정이 있는 코르사코프로 가버렸다. 그로부터 한 달 뒤 기젠은 가방 하나에 짐을 정리해서 아내가 있는 곳으로 왔다. 겨울이 다가오는데 달랑 옷 하나만 걸치고 여름에 신던 신발을 신은 채였다.

이리하여 아무것도 없는 상태에서 고생을 거듭한 결과 지금의 생활을 구축할 수 있었다고 정숙은 돌이켜보며 말한다. 두 사람 사이에서 자식이 둘 태어났고 손주도 생겼다. 가끔씩 집안 행사가 있어 본가를 방문할 때면, 자기들만 마시고 먹고 놀면서 잡다한 일들은 기젠 부부에게 떠맡겼다. 사람 취급을 해주지 않는다는 사실에 변함이 없어서 두 사람은 장례식을 제외하고는 본가에 발을 끊기로 결정했다. 실제로 엔도 부부가 본가를 방문한 것은 외삼촌과 외숙모, 그리고 외할머니의 장례식 때뿐이었다.

외할머니는 93세가 될 때까지 오래 살았다. 생각해보면 외할머니도 가련한 사람이었다. 딸과 두 아들을 먼저 보내야 했고, 또 다른 아들 한 명은 북조선에 간 뒤로 연락이 두절된 상태였다.

가까스로 듣게 된 아버지 소식

생활에 여유가 생겼음에도 기젠은 고민을 한가득 안고 살았다. 왜 이 같은 쓰라림을 맛봐야 하는가. 마음속 응어리를 풀기 위해서라도 기젠은 친부모를 찾아야 했다. 그러나 부모

기젠과 정숙 부부. 코르사코프에서

를 찾아낼 단서는 그 무엇 하나 없었다.

사실 기젠의 친부모도 아이를 찾고 있었다. 엔도 부부는 이 사실을 풍문으로 듣고 있었다. 어느 날 코르사코프에 있는 집으로 한 남자가 찾아왔다. 기젠이 일 때문에 외출 중이었는데, 정숙이 유치원에서 아이를 데리고 집으로 돌아와보니 집앞에 단정한 차림의 신사 한 명이 서 있는 것이었다.

정숙은 순간적으로 그가 남편의 친아버지가 아닐까 생각했지만 그는 아버지의 학교 동급생으로 아들을 찾아달라는 부탁을 받고 유즈노사할린스크에서 찾아왔다고 했다. 사정을 들은 정숙은 기젠이 있을 때 찾아와서 본인과 직접 이야기하라고 부탁했다.

그날 밤 노심초사하는 정숙에게 기젠은 무언가 말할 것이 있느냐고 물었다. 정숙은 주저하면서 "아버지가 당신을 찾고 있어요"라며 낮에 있었던 일을 털어놓았다. 기젠은 젓가락을 내던지며 "그럴 줄 알았어. 어머니는 살아 있어. 아버지도 계시다고 생각했어"라고 말했다. 그러고 나서 기젠은 말문이 막혔다. 그의 눈에서 눈물이 터져나왔다.

아버지의 친구는 이튿날 아침 일찍 다시 찾아와서 부모님의 이름과 생년월일 등 자신이 알고 있는 모든 것을 말했다. 그의 말에 따르면 아버지는 하바롭스크에 살고 있다는 것이다.

수용소에서 돌아온 아버지는 아들이 있다는 사실을 알지 못한 채 유즈노사할린스크에 살고 있었다. 그리고 1973년에 여행업계 통역 관련 일을 얻기 위해 하바롭스크로 이사했다. 그곳에서 재혼했지만, 일본으로 귀환된 전처(기젠의 어머니)와는 연락을 주고받고 있었다. 그녀에게서 둘 사이에 태어난 자식이 사할린에 있으니 찾아봐달라는 부탁을 받았다.

마카로프의 마을. 가운데 끝쪽에 보이는 것이 옛 제지 공장

　기젠의 아버지는 유즈노사할린스크에 있는 동급생에게 아들의 소식을 알아봐달라고 부탁했다. 그는 기젠이 태어난 마카로프까지 가서 기젠의 양외할머니도 만났다. 그러나 기젠의 친부모가 아이를 버렸다고 생각하고 있었던 외할머니는 살고 있는 곳을 알려달라는 그의 요청을 완강하게 거부했다. 시청을 찾아가 기젠이 코르사코프에 있다는 것을 밝혀낸 후

에야 가까스로 그를 찾아낼 수 있었다.

"왜 좀 더 일찍 오지 않으셨어요?" 기젠은 분한 마음을 억누를 수 없었다. 아버지의 친구는 기젠이 연락을 하면 아버지가 만나러 올 것이라고 말했다. 엔도 부부는 곧바로 아직 어린 두 아이가 함께 있는 가족사진을 찍어 그에게 전달했다. 그러나 아무리 기다려도 대답이 오지 않았다. 기젠은 매일같이 아버지의 편지가 도착하지 않았는지 아내에게 물었다.

정숙은 남편 몰래 시아버지의 주소를 알아내 몇 차례 편지와 엽서를 보냈지만 답장이 없었다. 기젠의 아버지는 하바롭스크에서 재혼했으므로 새 부인이 편지를 읽고 재회를 허락하지 않은 것이 아닐까 하고 두 사람은 생각한다. 아버지는 결국 아들을 만나지 못한 채 1990년에 세상을 떠났다.

어머니를 찾아 일본으로

사실 정숙은 장례식 외에 딱 한 번 혼자서 시댁을 방문한 적이 있다. 남편의 친아버지에게서 답장이 오지 않는 것을 납득할 수 없었던 정숙은 마카로프에 가서 외할머니한테 집안 사정을 캐물을 작정이었다. 외할머니가 "절대 한마디도 하지 않을 거야"라고 하자 외삼촌을 찾아가 주저앉은 채 "모든 것을 말해주지 않으면 한 발짝도 움직이지 않겠어요"라며 따졌다.

정숙의 열의에 굴복한 외삼촌은 외할머니에게는 비밀로 한다는 약속을 받고, 일본인 아이를 양자로 받아들인 경위를 말해주었다. 기젠의 친아버지가 도망가버렸다는 것(실제로는 수용소로 끌려갔지만), 친어머니는 퇴원을 해도 의지할 데가 없었다는 사실, 태어난 지 사흘 된 기젠을 양자로 맡겼다는 것, 그리고 친어머니가 자신이 자립하면 아이를 찾으러 오겠다고 약속했다는 것을 알게 되었다.

아이를 갓 낳은 기젠의 친어머니 앞에 한 남자가 나타났다. 그 남자는 굶주림과 추위 속에서 아기와 함께 죽을지 아니면 자신을 따라와 다락방이나 피난처라도 얻을 것인지 물었다.

어머니에게는 선택의 여지가 없었다. 어머니는 기젠을 남기고 사내를 따라갈 수밖에 없었다. 그 뒤 1957년에 후기집단귀환이 개시될 때, 친어머니가 기젠을 찾으러 왔다는 것도 알게 되었다. 그때 아이 소식을 들을 수 없었던 어머니는 일본에 돌아가서라도 아이를 꼭 찾아낼 것이라고 말했다고 한다.

이리하여 가족의 내력이 하나씩 밝혀졌다. 기젠은 어머니가 지금도 자신을 찾고 있을 것이라고 믿어 의심치 않았다. 아버지와 연락이 되지 않는 상황에서 기젠은 자신만이라도 일본으로 건너가 어머니를 찾아야 했다.

남편을 동정하고 있던 정숙은 코르사코프의 일본인회를

찾아가 지원을 요청했다. 연줄을 동원해서 유즈노사할린스크에 있는 사할린일본인회의 가와바타 요시코川端芳子 회장을 만날 수 있었다. 이렇게 해서 상황에 변화가 일어났다. 1994년 일본에서 초대장이 도착한 것이다.

민간인 일본사할린동포교류협회(현 일본사할린협회)는 일시 귀국을 지원하는 활동에 전념하고 있었다. 이 당시에는 가족이나 친족의 신원보증이 없어도 일본사할린동포교류협회가 신원보증인이 되어 일시 귀국하는 것이 가능했다. 그러나 자신을 초청한 것이 어머니임에 틀림없다고 확신한 기젠은 일본에 가서 어머니를 만날 생각에 가슴이 부풀었다.

1994년 기젠은 일시 귀국 방문단에 참여하여 처음으로 일본을 찾았다. 방문자들은 친척들에 둘러싸여 여기저기서 이야기를 나누고 있었다. 그러나 그곳에 어머니의 모습은 없었다. 가족들의 재회 장면을 쓸쓸하게 바라보던 기젠은 누군가가 자신을 바라보고 있다는 느낌을 지울 수 없었다. 방문 중에 계속 그러한 시선을 느꼈다.

일시 귀국 사흘째의 일이었다. 누군가가 가까이 와서 말했다. "여기 당신의 어머니가 있어요." 기젠은 그가 어떻게 자신에 대해 알고 있는지 불가사의하다고 생각하면서 말해준 대로 3층에 있는 방으로 서둘러 갔다.

그곳에는 한 여성이 서 있었다. 기젠은 달려들어 그녀를 끌어안았다. 그녀는 "나는 당신의 어머니가 아니라 그녀의 친구랍니다"라고 말하며 기젠을 밀어냈다. 왜 어머니가 없을까. 기젠은 이해할 수 없었다. 결국 어머니는 나타나지 않았다. 그 뒤에도 몇 차례나 도쿄에 갔지만, 기젠은 외톨이였다. 그러나 일본에 갈 때마다 느껴지는 시선이 있었다. 어디에선가 어머니가 자신을 보고 있다. 기젠은 지금도 그렇게 생각하고 있다.

　일본에서 돌아온 기젠은 한 달 동안 어머니를 그리워하며 울기만 했다. 이런 까닭에 정숙은 남편이 일시 귀국할 때 가능하면 함께하려고 한다.

아내의 헌신적인 도움으로

　일본에 일시 귀국한 이후로 기젠은 자신이 일본인이라는 것을 강하게 의식하게 되었다. 당시 일본사할린동포교류협회의 오가와 요이치 회장으로부터 부모님이 모두 일본인이라는 사실만은 알게 되었다.

　최초의 일시 귀국으로부터 20년이 지난 2014년에도 기젠은 일시 귀국으로 일본에 왔다. 일본사할린협회는 어머니에 대해 자세히 이야기해주려 하지 않는다. 그러나 어머니를 찾는 일은 아직도 포기하지 않았다.

　왜 협회에서는 확실하게 이야기해주지 않는 것일까. 기젠은 애가 탔다. 가까스로 그것이 협회의 방침이라는 것을 알게 되었다. 어머니가 자신이 사는 곳을 자식에게 전달해주기를 바라지 않는 한 협회는 아무것도 알려줄 수 없다는 것이다.

기젠은 오로지 어머니를 만나서 얼싸안고 싶은 마음뿐이다. 어머니가 자신을 불러주었음에도 모습을 보여주지 않는 것은 상속 문제에 신경을 쓰는 현재의 가족이 허락해주지 않기 때문일 것이다. 그것 외의 이유는 없을 터다.

그 당시 일시 귀국 환영 모임 자리에서 정숙은 일본사할린협회 임원의 옆자리에 앉았다. 그 임원도 사할린 귀국자로서 기젠이 태어난 마카로프에서 1950년대 후반부터 약 10년간 살았다. 마카로프에는 잔류 일본인이 적지 않았기 때문에 어머니에 대하여 알고 있는 사람이 있을 터였다.

정숙은 그 임원에게 "남편의 어머니는 살아 있나요?"라고 살짝 물었다. 그러자 "살아 있답니다"라고 대답했다. "어떻게 하면 어머니를 찾을 수 있을지요?"라고 정숙이 파고들려 하면 "글쎄요"라며 어머니 쪽을 배려하는 대답이 되돌아온다. 기젠은 일시 귀국할 때마다 어머니를 만날 것이라고 기대하지만 반응은 늘 한결같았다. 그는 다음과 같이 생각하고 있다. 일시 귀국자 중 친어머니가 계신 곳을 모르는 사람은 오직 자기뿐이라고.

그러나 이처럼 가족과 재회를 하지 못한 것은 기젠뿐만 아

차남과 엔도 부부

니다. 일본 가족의 재산 같은 것은 전혀 필요 없고 오로지 아
버지와 어머니를 끌어안고 싶을 뿐임에도, 많은 일시 귀국
자나 영주 귀국자에게는 그것이 불가능한 현실이다. "전쟁
이야, 전쟁 탓이지." 기젠은 몇 번이고 이렇게 혼자 중얼거린
다.

　1926년에 태어난 어머니는 살아 계시다고 해도 90세에 가

깝다. 돌아가시기 전에 한 번만이라도 만나고 싶다는 애달픈 심정 때문에 일본에 오게 되면 마음이 심란하다. 정숙은 어머니를 그리워하는 남편의 애절한 마음을 마치 자신의 일처럼 느낀다. 실제로 남편의 친부모의 흔적을 찾으려 분주히 애쓴 것은 다름아닌 정숙 자신이었다.

사할린에 돌아오면 남편은 또 혼자서 홀쩍이며 울 것이다. "나는 늘 혼자였어. 외톨이로 죽을 거야"라며. 그러면 정숙도 함께 울어버리고 만다. 그리고 "나도 아이도 손주도 있잖아요. 당신은 혼자가 아니에요"라며 기젠을 달랜다.

10장

나의 '고향'은 사할린

김영자 / 가네카와 요시코

'벚꽃 방'에 초대되다

233쪽 사진의 주인공은 가네카와 요시코金川よし子다. 커다란 벚꽃 사진을 배경으로 오도카니 앉아 있는 모습은, 초점이 흐려진 가장자리 피사체의 모습이 없었다면, 화창한 날씨 속에 흐드러지게 피어 있는 벚꽃 사이에서 춤추는 가련한 나비로 보였을 것이다.

요시코에게 벚꽃은 무상하다는 이유 때문에 아름다운 것이 아니다. 오히려 영원히 흐드러지게 피기 때문에 아름답다. 요시코는 벚꽃을 본 적은 없지만 벚꽃에 대한 특별한 상념이 있다. 어린 시절 엄동설한에 집에서 쫓겨난 뒤 크게 앓은 게 원인이 되어 앞을 전혀 볼 수 없게 되어버린 요시코에게 벚

'벚꽃 방'에서 점자 책을 읽는 요시코

꽃은 맞이할 수 없었던 봄과 같은 것, 벚꽃은 줄곧 피어 있어 야만 하는 것이다.

이러한 어머니 요시코를 위해 딸 마리나는 벽 한쪽 면을 벚꽃으로 덮었다. 요시코는 가끔 이 방에서 손가락으로 점자 를 만지며 책을 읽는다.

고토 하루키가 '벚꽃 방'에서 요시코의 사진을 찍은 것은 2013년이다. 그전부터 요시코는 자신의 모습이 찍히는 것을 완고하게 거부했다. 앞을 못 보는 자신의 모습을 찍히고 싶 지 않았다. 그렇지만 고토는 요시코를 어떻게 설득해서 여덟 장의 사진을 찍을 수 있었다. 처음에는 선글라스를 낀 채였지만 고토가 요청하자 요시코는 살짝 선글라스를 벗었다. 고토가 일본으로 귀국하기 전날이었다. 이 한 장은 〈봄이 오기 전에 : 가라후토·사할린 2013 겨울〉이라는 고토의 사진 전시회의 포스터로 사용되어 전시회의 의미를 전하는 이미지가 되었다.

반년 후 우리는 이 사진에 이끌려 '벚꽃 방'을 찾았다.

요시코의 보물

'벚꽃 방'으로 일본인, 한국인, 러시아인이 방문했다. 요시코는 방문객들에게 '야키오니기리(구운 주먹밥-옮긴이)'를 대접해주었다. 혼자 있을 때는 빵이나 쌀밥만으로 충분하지만 손님들에게는 반드시 요리를 대접한다. 밥을 둥글게 말아서 달걀에 적시고 오븐에 구운 사할린 풍의 야키오니기리다. 살짝 구워진 색의 당고와 같은 모습이 식욕을 불러일으킨다. 우리는 이 야키오니기리를 한입 가득 넣고서 그녀에게서 유년기와 청춘 시절의 추억 이야기를 들었다.

'벚꽃 방'의 공통어는 일본어였는데 요시코에게 언어는 별로 문제가 안 되었다. 요시코의 이야기는 상대에 맞추어 러시아어에서 한국어로, 한국어에서 일본어로 자유자재로 넘나들었다. 어떤 언어든 자유로웠으며 사투리도 없었다.

요시코는 40년 동안 일본어를 사용하지 않은 듯했다. 조선인과의 교류도 별로 없어서 한국어도 거의 사용하지 않았다. 어려운 단어는 잊어버렸다고 한다. 친구들도 대부분은 러시아인이다. 그렇지만 이러한 사실을 전혀 인식할 수 없을 정도의 한국어와 일본어 실력이었다.

요시코는 어학에 재능이 있어서 언니들보다 잘한다고 자신한다. 자신이 수다쟁이란 게 그 이유 중 하나란다. 한국어 발음 역시 코르사코프에서 한국어 교사로 근무하는 언니보다 좋다. 젊은 시절 북조선에서 살았던 경험을 허투루 볼 수는 없다는 것이다.

요시코는 세 종류의 언어를 구사할 뿐만 아니라 점자로도 읽을 수 있다. 세 종류의 언어로 된 점자책은 그녀의 보물이다. 그녀가 가지고 있는 러시아어 점자책은 자신의 것도 있고 도서관에서 빌린 것도 있다. 일본어 점자책은 2002년에 하코다테에서 개최된 장애인국제교류 페스티벌에 참가한 사할린에서 온 수영선수를 통해서 입수했다. 그때 통역을 담당한 사람이 바로 일본 유라시아협회 하코다테 지부에서 자원봉사자로 일하는 단나카 아키코(5장의 주인공)였다. 아키코는 이 활동의 일환으로 사할린을 방문하여 요시코에게도 점자책을 전해주곤 했다. 그 외에도 하코다테에서 안마사로 일하는 일본인 부부(남편이 시각장애인)나 사할린을 방문한 언론인이 책을 구해주었다.

요시코가 소장한 러시아어와 일본어 점자 책

　그러나 한국의 점자책은 없다. 지금 요시코의 큰 바람은
한국의 점자책을 손에 넣는 것이다. 북조선의 점자책과 한국
의 점자책을 비교해보고 싶어서다. 2년 전에 유즈노사할린
스크의 한국 영사관에 가서 부탁한 적이 있지만 답장을 못
받았다. 그렇지만 언젠가는 반드시 한국의 점자책을 읽어보
고 싶다고 그녀는 말한다(후일 저자가 그녀에게 한국의 점자책을

보냈다).

사할린의 도서관에는 점자책이 충실하게 갖춰져 있다. 소설도 풍부하다. 일본 소설을 러시아어로 해설한 것까지 구비되어 있다. 러시아의 도서관 직원은 모두 친절하다.

요시코의 보물 중에는 '종이접기' 컬렉션도 있다. 일본의 다양한 사람들한테 선물을 받았는데, '종이 접기 천재소년'이라 불리는 초등학생에게서 받은 것도 있다.

요시코 / 영자 / 레나

요시코는 영자라는 한국식 '본명'보다 일본 이름 요시코나 러시아 이름 레나를 더 좋아한다. 주변 사람들은 '바바 레나(레나 할머니)'라고 부르지만, 요시코라 해도 모두들 안다. 하지만 영자라고 하면 누구인지 모른다.

요시코는 1944년 사할린의 조선인 가정에서 태어났다. 일본 통치 시대였으므로 많은 조선인들이 '창씨개명' 제도에 의해 일본식 이름을 사용하고 있었다. 종전 후 각지에 생겨난 조선학교에서는 한국식 이름을 사용했고, 러시아학교에 다닌 아이들은 러시아식 이름을 사용했다. 아사코라는 이름을 사용했던 여동생은 조선학교에 다니기 시작하면서 정자라는 한국식 이름을 썼다. 그러나 학교에 갈 수 없었던 요시코에게는 한국이나 러시아가 이름을 붙여주지는 않았다.

이러한 요시코에게도 한국식 이름이 필요했던 적이 있다. 17세에 북조선으로 건너가 5년간 살았을 때다. 김영자라는 한국식 이름을 사용한 것은 그때가 처음이었다. 그리고 사할린으로 돌아와 일하기 시작하면서부터 러시아식 이름을 썼다. 그러나 태어났을 때부터 사용한 요시코를 본명으로 생각한다.

각각 여섯 살, 세 살 위인 언니들은 일본학교에 다닌 경험이 있지만 일본어로 말할 줄 모른다. 다만 알아들을 수는 있기 때문에 언니들과 대화할 때는 러시아어, 한국어, 일본어가 마구 뒤섞여 있다. 어떤 연유로 요시코가 언니들보다 일본어를 더 잘하는 것일까. 여기에는 슬픈 기억이 겹쳐져 있다.

다섯 살 때의 일이다. 언니들이 가진 벚꽃 그림 보자기를 가지고 싶었던 요시코는 울며 보챘다. 어머니가 부재중이었던 터라 할머니는 그녀를 감당할 수 없어서 바깥으로 쫓아냈다. 언니들은 모두 예쁘게 생겼지만, 자기 혼자만 키도 작고 눈도 조그마해서 가족 그 누구와도 닮지 않았다. 다리 밑에서 주워온 아이라며 할머니가 못살게 굴었던 것도 분명 그 때문이었을 것이다. 결국 한겨울에 집밖으로 쫓겨나고야 말았다. 어머니에게 이끌려 집으로 돌아왔지만 정월 엄동설한 추위 때문이었던지 결국 홍역에 걸려버렸다. 고열에 시달리던 요시코는 이튿날 눈을 뜰 수가 없었다. 얼마 동안 입원해서 열은 내렸지만 눈은 보이지 않는 상태가 되어버렸다.

시력이 나빠진 요시코는 학교에도 다닐 수 없게 되었다. 학교에 다니는 형제들이 늘 부러웠다. 어떻게 해서든 공부를 하고 싶었던 요시코는 집에 놀러온 언니 친구들의 가방에서 책을 몰래 꺼내서 언니에게 읽어달라고 졸라댔다. 책을 훔친 사실이 발각된 뒤 언니와 함께 책을 돌려주러 갔다. 그 집 아주머니가 "괜찮아"라고 말했지만 창피해서 눈물이 주룩주룩 흘렀다. "나는 그토록 책을 읽고 싶었어. 공부를 하고 싶었던 거지"라고 요시코는 당시를 회상한다.

종전 후 일본인이 대부분 귀환되자 일본학교는 폐교되었다. 언니들도 조선학교로 전학했다. 이웃 아이들이 모두 학교에 가고 요시코는 혼자 남겨졌다. 이 사실을 알게 된 이웃의 일본인 선생님이 "집에 오면 공부를 가르쳐줄게"라고 말을 건넸다. 요시코는 그 집에서 처음으로 일본어를 배웠다. 선생님 집에는 축음기가 있어서 일본어 음반을 들으러 다녔다.

그러나 이 일본인 선생님도 1956년 일소공동선언에 의해 실시된 후기집단귀환으로 일본으로 돌아가버렸다. 그때 선생님은 요시코에게 축음기와 많은 음반을 건네주었다. 요시코는 이 음반을 들으면서 일본어를 잊지 않으려 했다. 그 뒤에는 라디오를 들으면서 일본어를 학습했다.

요시코가 일본어를 말할 수 있게 된 것은 가족 중에 일본

일본으로 귀환한 숙부 일가와 할머니(가네가와 요시코 제공)

인이 있었기 때문이기도 하다. 숙부의 처가 일본인이었는데 그 숙모와 일본어로 자주 이야기했다. 일본어를 하지 못했던 할머니는 숙모와 일본어로 말하지 말라고 주의를 주었다.

1957년 일본인 여성은 조선인 남편과 자식들을 데리고 일본으로 돌아갈 수 있게 되어 숙부 일가도 일본으로 갔다. 할머니도 아들 가족과 함께 갔다.

일본에 간 숙부는 얼마 동안은 가족들과 편지 왕래를 했다. 숙부 가족은 미야기 현 어딘가에 살았고, 가족사진이나 재일 조선인과 결혼한 장녀의 결혼사진도 보내왔다. 그 뒤로는 연락이 닿지 않았고 편지 왕래도 끊어졌다.

요시코는 숙부 가족을 잊을 수가 없다. 일본에 있는 그 가족들과 언젠가는 재회하고 싶다. 이는 요시코 어머니의 비원이기도 하다.

가족의 내력

제2차 세계대전 중 일본은 조선인을 강제로 근로동원하여 많은 조선인이 탄광노동 등에 종사했다. 요시코의 아버지도 1940년대에 강제동원된 사람 중 하나였다. 사할린으로 건너올 때 아버지는 이미 결혼하여 딸이 둘 있었다. 아버지는 경상도, 어머니는 충청도 출신이었다.

이 아버지를 찾으러 25세의 어머니가 딸 둘을 데리고 조선반도에서 건너왔다. 요시코의 외할아버지와 외할머니도 1938년에 사할린으로 건너왔기 때문에 어머니는 더 이상 조선반도에 머물러 있을 이유가 없었다. 그 뒤로 사할린에서 여섯 명의 아이들이 더 태어났다. 요시코는 일본 통치 시대의 토로에서 태어났다.

전쟁이 끝나고 1946년부터 사할린 거주 일본인 귀환이 시작되었지만, 조선인은 귀환할 수가 없었다. 사할린에 남겨진 조선인 입장에서 보면 일본인들만 귀환한다는 것은 도저히 납득할 수 없는 일이었다.

요시코의 아버지도 고향에 돌아가기를 바라고 있었다. 일본인이 귀환된 지 1년이 지나고 2년이 지나도 조선인은 귀환할 수 없었다. 일본인의 귀환을 목도하면서 아버지는 울부짖었다. "왜 우리를 데리고 가지 않는 거지. 조국으로 돌아가고 싶어, 어머니와 아버지를 만나고 싶어." 광부였던 아버지는 부상을 당해서 일할 수 없게 되자 늘 고향으로 돌아가고 싶다는 말만 했다. 심신이 쇠약해진 아버지는 어느 날 근처의 다리 아래에서 숨진 채 발견되었다. 1954년의 일이었다.

아버지가 돌아가시기 직전에 요시코의 운명을 결정한 큰 사건이 있었다. 요시코가 열 살 때 지금 곧 수술을 하면 전맹全盲까지 이르지는 않을 것이라고 말한 소련 군의관이 있었다. 그 군의관의 머리가 새하얀 색이었다는 것을 요시코는 아직도 기억하고 있다. 다만 수술을 위해서는 흑해에 있는 오데사라는 마을까지 가야만 했다. 주변 사람들이 돈을 모아 주었다.

그러나 아버지는 앞을 못 보는 딸을 그렇게 먼 곳까지 보낼 수는 없다고 말하고는 허락을 해주지 않았다. 결국 요시코는 수술을 받을 수 없었다. 요시코는 왜 아버지가 그때 자신을 보내주지 않았을까 하고 원망한 적도 있었다. 지금도 납득할 수는 없지만 불만을 드러내지는 않는다. 그것이 자신의 운명이라고 생각하는 것이다.

17세가 되었을 때 북조선에서 하게 된 수술에도 기대를 걸었다. 그러나 수술은 잘 되지 않았고, 그때까지만 해도 빛은 느낄 수 있었던 요시코는 전맹이 되고 말았다.

아버지가 돌아가신 뒤 어머니는 소련의 집단농장인 콜호스에서 일했다. 그 와중에 자식 둘을 먼저 저세상으로 보내고 나머지 여섯 아이를 혼자 힘으로 길러냈다. 가난했기 때문에 언니들은 열네 살에 학교를 그만두고 일을 해야 했다. 고생하는 이들을 보다 못한 콜호스 장(長)이 감자 따위를 몰래 갖다주었던 덕택에 굶주림을 가까스로 면할 수 있었다. 어머니는 스토브 위에 양동이를 올려놓고 감자를 익혀서 아이들을 먹였다. "그 감자는 정말 맛있었어." 요시코는 지금까지도 그 맛을 기억한다.

어머니는 아버지가 돌아가신 뒤로도 60년 이상 더 사셨다. 2000년에 한국에 영주 귀국하여 그곳에서 100세가 되도록 살고 2009년에 타계했다.

북조선에서 배우다

종전 후 사할린에는 눈이 불편한 사람을 위한 학교나 직장이 없었다. 요시코는 17세까지 집에서 밥만 축낼 뿐이었다. 공부나 일이 하고 싶었고 어디든 좋으니 집에서 나가고 싶다는 초조감에 시달렸다. 이러한 생각을 하고 있던 요시코에게 전환점이 찾아왔다.

1950년대 말 일본인 아내와 함께 조선인 중 일부가 일본으로 귀환되자 조선인 사회 내에 동요가 일어났다. 그러자 나홋카의 북조선 영사관은 북조선 국적의 취득이나 귀국을 종용하는 회유 공작을 공공연히 벌였다. 실제로 1959~1961년에 조선인이 다수 거주하던 사할린의 서해안 지방에서도 대학 진학 등을 목표로 하여 북조선으로 건너간 사람이 적지 않았다(박형주, 《사할린으로부터의 리포트》, 민도사, 1990).

현재의 생활에서 벗어나려 애쓰던 요시코는 북조선에서 공부하고 싶다는 편지를 나홋카에 있던 북조선 영사관 앞으로 보냈다. 그것이 효과가 있었다. 1961~1966년까지 5년간의 계약으로 시각장애인을 받아주는 공장에서 일하면서 야간에는 맹학교에 다닐 수 있게 된 것이다.

요시코가 일했던 곳은 솔이나 가마니 같은 것을 생산하는 공장으로 그곳에서는 눈이 불편한 사람이나 그렇지 않은 사람이 함께 생산라인에서 역할을 분담해서 작업을 했다. 일과 공부를 병행하는 게 너무 힘들었지만 드디어 공부할 수 있게 되었다는 즐거움은 다른 것과 바꿀 수 없었다. 야간 수업 중에 졸다가 회초리로 머리를 맞아도 가슴 벅찬 매일이었다. 학교에서 한국어 점자를 배운 뒤 책을 읽을 수 있게 되자 세계가 더 넓어 보였다. 요시코는 북조선에서 자신의 본명인 김영자를 사용했다.

당시 소련에서 온 조선인(고려인)은 좋은 대우를 받으며 평양에서 생활했다. 그러나 1956년부터 흐루쇼프가 스탈린 비판을 시작한 뒤 북조선은 독자노선을 모색하던 시기이기도 해서 이들에게 거센 역풍이 불었다. 사할린에서 북조선으로 건너가 대학에 진학한 학생들도 "너희들은 흐루쇼프와 마찬가지야"라는 말을 듣는 등 몹시 주눅이 들어 있었다.

이 시기 요시코에게 놀라운 만남이 있었다. 어느 날 공장에서 김 씨 성을 가진 어떤 남성과 알게 되었다. 그의 한국어가 다른 사람과 다르다는 사실을 곧장 눈치챘다. 요시코는 "왜 당신의 한국어는 다르지요? 어디에서 왔나요?"라고 묻자 "나는 일본에서 왔어요"라는 대답이 돌아왔다. 매우 기뻐한 요시코는 "나는 일본어를 할 수 있어요"라고 말했다. 이때부터 두 사람은 몰래 일본어로 이야기를 나누었다.

1959년 12월부터 재일 조선인에 대한 이른바 '귀국사업'이 시작되어, 일시 중단된 시기까지 포함하면 1984년까지 9만 3000명 정도가 북조선을 향했다. 요시코가 평양에서 만난 김 씨 역시 재일 조선인 귀국자 중 한 사람이었던 것이다. 김은 부모님이 없었기에 일본에 있는 누님이 귀국하지 않을까 하여 늘 염려하고 있었다.

각각 사할린과 일본에서 온 두 사람의 '재외동포'는 일본어로 이야기했고, 요시코는 그에게서 일본어 점자까지 배웠다. 일본어를 사용하는 것은 위험한 일이었으나 두 사람은 가끔씩 만나서 일본어 점자 공부를 계속했다.

그러나 이것도 오래 이어지지 못했다. 이불 밑에 숨겨두었던 일본어 점자 노트가 기숙사 동료에게 발각되었던 것이다. "그것은 금지된 거야. 위험하니 그만두렴. 그만두지 않으면 선생님에게 말할 거야"라는 주의를 듣고서 요시코는 일본어 공부를 그만두어야 했다. 그러나 그때 배운 일본어 점자를 잊어버리지 않은 덕에 지금 사할린에서 일본어 책을 읽을 수 있다.

이 같은 '모험'도 있었지만 북조선에서의 생활은 만족스러웠다. 그러다가 사건이 일어났다. 청소를 하다 양동이를 들고 있던 사람과 부딪쳐 쓰러져 등뼈가 골절되는 큰 부상을 입은 것이다. 얼마 동안 치료를 받았지만 의사에게서 회복을 위해서는 "무더운 북조선보다 시원한 사할린으로 돌아가는 편이 낫다"는 말을 듣고 요시코는 사할린으로 돌아가기로 결심했다.

러시아에 대한 생각

요시코가 북조선에 있는 동안 사할린에도 시각장애인이 일할 수 있는 회사가 생겼다. 다양한 상품의 포장 상자를 만드는 공장이었다. 공장에서 일하려면 시각장애인을 대상으로 한 교육기관에서 러시아어나 러시아어 점자, 요리법과 재봉 등을 배워서 자격을 얻어야만 했다. 이를 위해 요시코는 1967년에 시베리아 알타이 지방의 비이스크에서 공부했다. 그때부터 레나라는 이름을 썼다. 4개월간의 연수를 마치고 무사히 자격증을 취득한 뒤 사할린으로 돌아왔다.

사할린의 공장에서 요시코는 39년간 일했다. "나는 늘 정확하게 일했어요. 지금은 연금을 받아 생활을 하고 있어요. 행복합니다. 다른 사람의 빵을 먹지는 않아요." 지금은 연금 생활을 하고 있지만, 장애를 안고서도 자립할 수 있었다는 것이 요시코의 자랑이다. 자립할 수 있게 해준 러시아에도 감사하고 있다.

요시코에게는 직장에서의 즐거웠던 추억이 많다. 동료들과는 일할 때뿐만 아니라 휴일에도 함께 지냈다. "우리 회사는 눈이 안 보이는 사람들도, 다리가 불편한 사람들도, 불운한 사람들도 모두 버스를 타고 바다나 산으로 함께 데려가줘요. 지금은 잘 걷지 못해서 무리지만 건강했을 때는 산에 오르는 것을 좋아했어요."

요시코는 직장 동료들과 외출할 때면 하늘을 올려다보며 "푸르다는 건 어떤 색깔을 말하는 거였지"라며 기억을 되살려보고, 산에 가서는 자작나무 아래에 앉아 "너는 녹색 옷을 입고 있군" 하고 이야기를 걸어본다. 러시아에 대해서는 "고

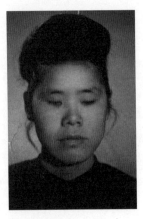
1960년대의 요시코
(가네가와 요시코 제공)

맙다. 고마워"라고 말하고 싶은 마음으로 가득 차 있다.

반면 요시코는 조선인 사회의 차별에 대해서는 준엄하다. 어린 시절부터 요시코는 조선인 사회의 아이들에게 "장님"이라며 놀림을 당했다. 그럴 때면 늘 숨어서 울기만 했다. 어른이 되어서도 변함이 없었다. 거리를 걷고 있을 때 "이리로 오세요"라며 손을 잡아주는 사람은 대체로 러시아인이다. 주변에 친척이 있어도 자신을 피해 인사도 하지 않는다. 눈이 보이지 않는다는 이유로 "할머닌 잘 모르겠지"라고 생각하는 것이겠지만, 요시코에게는 훤히 다 보인다.

요시코는 조선인이 자신을 피하는 것을 등뒤로 느낀다. 발음이나 소리 등의 어조를 통해서 조선인이라는 것을 금방 알아차린다. 장애인을 백안시하는 조선인을 요시코는 조선인의 한 사람으로서 부끄럽게 생각한다.

러시아인은 장애인에게 매우 친절하다. 사할린 조선인들이 러시아인을 본보기 삼아 좀 더 넓은 마음을 가졌으면 하고 바란다. 조선인은 문제가 많다고 말하면 언니들은 한국 사람은 모두 친절하다고 감싸지만, 요시코는 "같은 민족이니까 별로 다를 바가 없을걸"이라며 수긍하지 않으려 한다. 그것은 자기 민족에 대한 애증 같은 것일지도 모르겠다.

가족은 모두 한국으로

요시코는 1970년에 열다섯 살 연상의 남성과 결혼했다. 남편도 시각장애인이었지만 부부는 힘을 합해 두 명의 자식을 길러냈다. 15년 전에는 28세인 아들을 먼저 저세상으로 보내는 불행도 겪었다. 지금은 간호사로 일하는 딸과 같이 살고 있다. 결혼도 하지 않고 부모를 모시게 해서 미안할 따름이다.

남편은 수년 전에 홀로 한국에 영주 귀국한 뒤 1년 뒤에 타계했다. 이어서 세 명의 언니들 중 두 사람이 한국으로 영주 귀국했다. 어머니와 남편, 그리고 언니들까지 한국으로 영주 귀국을 했지만, 요시코는 한국으로 이주할 생각이 없었다. 언니들이 자꾸만 권유를 해도 요시코는 꼼짝도 하지 않았다. 코르사코프의 언니는 동생을 혼자 두고 갈 수는 없다며 영주 귀국을 하지 않았다.

언니들이 요시코에게 전화를 걸 때면 늘 통화 중이다. 왜 전화 통화가 안 되느냐고 언니들이 나무라면 눈이 보이지 않으니까 수다를 떨 수밖에 없지 않느냐고 답변한다.

요시코가 영주 귀국을 거부하는 것은 귀국자를 위해 만들어진 요양 시설(인천 사할린 동포 복지회관)에서의 생활만은 절대 하고 싶지 않기 때문이다. "자기 힘으로 계속 생활하고 싶은데 왜 그런 데서 살아야만 하지." 실제로 남편은 한국에서 요양 시설에 입소하게 되었다. 요시코는 이에 대해 강하게 항의했다. 남편은 사할린에서는 눈이 안 보여도 어디에 무엇이 있는지 모두 알고 있어서 혼자서 어디든 갈 수 있었다. 그러나 한국에 영주 귀국하여 요양 시설에 보내진 뒤에는 병자 취급을 받은 탓에 귀국한 뒤 겨우 1년 만에 죽었다고 생각하는 것이다.

요시코는 딱 한 번 한국에 가본 적이 있다. 영주 귀국한 가족들을 만나기 위해 일시 귀국 제도를 활용하여 5년 전에 딸과 함께 방문했다. 하지만 한국은 쉽게 정이 들지 않았다. 남편과 같이 영주 귀국을 하지 않은 것도 러시아가 자신의 나라라고 굳게 믿고 있기 때문이다. 요시코는 사할린을 '마지막 거처'로 생각한다.

사할린에서 교차하는
한 · 일의 '잔류자'들

사할린 잔류자들, 한국 · 일본 · 러시아의 다층적 공간을 살아가다

'사할린 잔류 일본인 여성'이라는 존재에게는 전전에 이들을 사할린으로 향하게 했던 '계급', 일본인/조선인이라는 '민족', 그리고 여성으로서의 '젠더'라는 문제가 얽혀 있다. 전후 사할린에 잔류해야만 했던 '일본인' 여성은 일본 제국의 민족, 계급, 젠더가 만나는 교차점에 위치한다.

1990년대 이후 이들 중 일부는 일본이나 한국으로 영주 귀국하지만, 그 양상을 자명한 것으로 이해해서는 곤란하다. 사할린 남쪽 절반은 1945년 일본이 패전할 때까지 '가라후토樺太'라는 이름으로 불리며 일본 통치하에 있었는데, 그 역사적 위치나 성격에 대해서는 논의가 분분하다. 가라후토가 식민지인지 아니면 홋카이도의 연장인지도 애매한 상태에서, 이에 대한 연구 역시 타이완이나 조선, 만주(중국 동북부) 등의 구식민지나 점령지에 비해 그 수가 매우 적었고, 사할린 잔류 '일본인'에 대한 인식은 최근에 와서 비로소 논의되었다.

즉 1980년대부터 주목된 중국 잔류 일본인(잔류 고아, 잔류 부인)에 대해서는 연구 성과가 활발하게 제출된 것에 비해, 수기나 논픽션을 제외하면 사할린 잔류 '일본인'이 어떠한 역사를 살아왔는지는 충분히 해명되지 않았다. 중국 귀국자에 대한 행정적인 대응으로 추진된 영주 귀국 제도 속에서도 "중국 잔류 일본인 등"이라는 문구에서 보듯, 부수적인 존재로 취급되고 있는 사할린 잔류 '일본인'은 비가시적인 존재인 것이다.

근대 일본은 홋카이도, 오키나와로 영역을 확대하는 한편 타이완, 조선반도, 사할린, 만주를 식민지화함으로써 제국을 형성했다. 식민지 획득을 목표로 한 사상 혹은 정책의 확장주의는 '문명화의 사명'이라는 구실로 피식민자에게 정신적·심리적인 열등의식을 주입하는 이데올로기가 되었다. 이 같은 식민지주의를 기초로 하는 지배자와 피식민자의 관계는 제국의 해체에 의해서도 해소되지 않고, 오히려 식민지주의를 지속, 반전시키거나 재생산함으로써 모순을 잉태하게 되었다.

사할린 잔류 '일본인'이라는 존재의 배경에는 전전의 이주와 전후 생활 공간의 재구축, 그리고 근년의 '귀국'에 의한 이동과 정주에서 드러나는 '계속되는 식민지주의'가 있다. 또한 이 같은 제국주의와 냉전, 글로벌화의 역사적 공간 속에는 일그러지고 비틀어진 식민지주의와 대면하여 다문화·다언어적 생활 공간을 창조하면서 일, 한, 러 세 나라에 구축한 트랜스내셔널한 생활 세계가 펼쳐져 있다. 이 책은 사할린에서 교차하는 일본과 한국의 '잔류자'들이 살아가고 있는 일, 한, 러의 다층적인 공간의 의미에 대해 고찰한 것이다.

사할린 귀국자의 트랜스내셔널한 생활 공간에 대해서 말하는 경우에도 그 형태는 다양하다. 대개 남편이 잔류 조선인인 사할린 잔류 일본인 여성은 부부만 일본에 귀국할 경우 자식들을 사할린에 남겨두게 된다. 여기에다 부부의 부모나 형제가 한국에 영주 귀국하는 경우도 있다. 또한 사할린에 남은 자식 세대의 경우 부부의 한쪽 부모가 일본에, 다른 한쪽 부모가 한국에 영주 귀국한 경우도 흔히 있는 풍경이다.

한편 일본에 영주 귀국하는 잔류 일본인 부부의 경우 자식 세대와 그 가족을 동반할 수 있다. 이 경우에도 공적으로 귀국 지원 대상이 되는 한 가족만을 동반하는 경우가 있는가 하면, 귀국 후에 사비로 가족 전부를 초청하는 경우도 있다.

또한 일본인 여성 중에는 조선인 남편과 더불어 한국에 영주 귀국한 사람도 적지 않다. 물론 귀국을 하지 않고 여전히 사할린에서 계속 생활하는 사람들도 있다.

따라서 일본과 한국의 다문화·다언어적 가족의 생활사를 통해서 "본국으로 귀국한 이민"[1]인 사할린 잔류 '일본인'의 생활 세계를 천착하면 일본과 한국의 귀국 정책의 차이점이 드러나고, 국민국가 속으로 뒤늦게 편입됨으로써 생겨난 새로운 이산과 맞서면서 창조한 사할린 귀국자의 트랜스내셔널한 생활 실천 및 아이덴티티의 가능성도 보이기 시작한다.

이 책에서는 홋카이도와 안산, 인천의 귀국자, 나아가서는 사할린 잔류자를 대상으로 한 인터뷰에 응해준 열 가족의 이야기를 통해 이들이 실천적으로 만들어낸 트랜스내셔널한 생활 공간에 대해 살펴보았다.

여기서 우선 사할린/가라후토를 둘러싸고 있는 역사적 위치와 성격에 대해 정리를 해둘 필요가 있다.

사할린 / 가라후토의 역사적 위치

사할린 혹은 가라후토는 흔히 말하는 '북방 4도'와 함께 일본과 러시아의 제국주의적 확장과 전쟁, 그리고 국민국가로의 재편 과정에서 외교 교섭에 의해서 혹은 전리품이라는 형태로 몇 번이나 귀속이 변경되어온 곳이다.

18세기 이후 동진하던 러시아와 북쪽의 위협에 눈을 돌리게 된 일본이 조우하게 된다. 치시마千島 열도, 곧 쿠릴 제도의 최남단부(남치시마)에는 18세기 후반부터 와진和人이라 불리던 일본인이 진출해 있었다. 1754년에는 에조치蝦夷地에서 아이누에 대한 교역권과 어업권을 상인으로 하여금 맡게 한 '장소청부제도'가 구나시리國後 섬에서 실시되었고, 마침내 와진이 아이누를 활용하여 실제로 어업을 경영하기에 이르렀다. 19세기에 와 남치시마는 사실상 와진이 통치하는 영역이 되어 있었다.[2]

지배 영역의 확정을 계획하던 일본과 러시아 양국이 1855년 일러화친조약(시모다 조약)을 체결했다. 이 조약에서는 사할린을 어디에 귀속할 것인지를 정하지 못한 채 양국의 공동 영유지로 하는 대신, 치시마(쿠릴) 열도에 대해서는 우루프 섬과 이투루프 섬 사이에 경계선을 그었다. 그 경계선 남쪽의 남치시마 네 섬이 오늘날 '북방 영토'(이투루프擇捉, 구나시리國後, 시코단色丹, 하보마이齒舞)다. 사할린을 공동으로 영유하던 시기 러시아는 사할린을 유형지로 만드는 등(1869) 러시아화를 추진했다.[3]

그러나 사할린 영유 문제를 애매모호한 상태로 두는 것은 상책이 아니었기에 양국은 1875년 상트페테르부르크 조약(가라후토·치시마 교환 조약)을 체결한다. 사할린 전체 섬을 러시아가 영유하기로 하고 우루프 섬 이북까지 포함한 전 치시마 열도를 일본령으로 하게 된 것이다. 이에 따라 사할린은 20년 간의 공동 영유기를 거쳐 섬 전체가 러시아의 세력권에 들어가게 되었다.

국경이 다시 한 번 요동치기 시작한 것은 제국주의를 표방한 일본과 러시아가 군사적으로 충돌한 러일전쟁(1904~1905) 때였다. 일본은 러일전쟁의 강화 과정을 지켜보다가 사할린 섬 전체를 점령했다. 가라후토 · 치시마 교환 조약에 의해 포기했던 영토를 회복하려는 의식이 여기에 작동했다. 포츠머스 강화조약이 조인되자 사할린 북부는 러시아 측에 환부되고, 일본은 북위 50도 이남의 사할린 남쪽 절반을 영유하게 된다. 사할린은 남북으로 쪼개졌고 일본과 러시아의 국경이 육지를 맞대고 세워졌다. 한 발 더 나아가 일본은 러시아의 조차지였던 관동주 및 동청철도의 일부(나중의 만철 곧 '남만주철도주식회사')까지 획득했다.

북위 50도 이남의 사할린 섬 남부는 이제 '가라후토'라는 이름으로 일본의 통치하에 놓였고, 지방행정관청으로서 가라후토청이 설치되었다(1907). 러시아인 주민들은 일본에 편입된 사할린 남부에서 추방되었다. 한편, 1875년의 가라후토 · 치시마 조약에 의해 홋카이도로 이주했던 아이누는 대부분 사할린으로 귀환하게 된다.[4]

The Beautiful City Toyohara Karafuto.
(原豊太樺)   豊   太   樺

가라후토청(삿포로 시 중앙도서관 디지털라이브러리 제공)

　제1차 세계대전을 전후로 하여 러시아가 혁명에 휩쓸려 들
어가자 미국, 영국, 프랑스, 일본 네 나라는 혁명 간섭 전쟁을
표방하며 시베리아로 출병했다(1918~1922). 1920년 3월 사
할린과 마주하고 있는 니콜라옙스크에서는 일본군 수비대가
적군(赤軍, 빨치산)과 충돌하여 일본인 거류민까지 전투에 휩
쓸리게 됨으로써 약 700명이 희생되는 대참사가 일어났다.
이 '니콜라옙스크 사건'을 둘러싼 문제가 해결될 때까지의
보장을 요구한다는 명분으로 일본은 사할린 섬의 북쪽 절반
을 다시 점령하여 군정을 시행하지만(보장점령), 섬 전체를 점
령하려는 의도를 달성하지 못하고 일소기본조약(1925)에 의
해 물러난다.[5] 일본이 일시적으로 섬 전체를 영유했던 사할린

은 다시 남북으로 이분되었다.

1945년 제국 일본의 패전은 여기저기 영토의 변경을 가져
왔다. 종전 전인 8월 9일 소련이 대일 참전하여 만주(중국 동
북부)로 들이닥치자, 가라후토와 치시마에도 소련군의 진공
이 시작되었다. 8월 23일 가라후토가 점령되고 머지않아 남
치시마 네 섬을 포함한 치시마 열도도 소련군의 수중에 들어
갔다. 지금까지 계속되는 쿠릴 열도 전체에 대한 러시아 점령
기(소련 시대를 포함)가 시작된 것이다.

1951년 샌프란시스코 강화조약에서 일본은 가라후토, 치
시마의 영유권을 포기했지만 북방 4도의 영토 문제는 남았
다. 샌프란시스코 강화조약에 참가하지 않은 소련과는 1956
년 일소공동선언을 통해서 전쟁 상태를 종결지었지만, 영토
문제가 얽혀 있어 두 나라 사이에는 평화조약이 아직 맺어지
지 않은 상황이다. 따라서 이 지역의 귀속에 대해서는 국제법
상으로는 미확정 상태로 있다.

일본 통치하의 가라후토

러일전쟁에 의해 일본에 점령당한 사할린에는 곧 일본인
이 이주하여 가라후토의 건설을 개시했다.[6] 일본의 식민지가
된 가라후토에는 가라후토청이 설치되는데, 가라후토의 통치
형식에 대해서는 일본 정부 내에서도 다양한 논의가 있었다.

가라후토는 타이완과 마찬가지로 '신영토'였지만 주민 대부분이 본토 출신자로 구성되어 있다는 점에서 타이완과는 다르다는 인식이 공유되었다.[7]

이리하여 가라후토청 장관으로 무관武官을 임명하지 않고 내각이 인사권을 장악했다. 또한 가라후토청은 일본 본토의 부나 현, 홋카이도청과 마찬가지로 지방행정관청이었지만, 타이완총독부나 조선총독부처럼 철도, 우편, 전신, 전화, 광산, 국세 등 본국에서는 중앙의 성이나 청이 관할하는 업무도 담당하게 되었다. 이리하여 종합 행정이라는 방침 아래에서 재정제도상으로도 이에 대응하는 특별한 회계 제도가 설치되어 있었다.[8] 마을 단위의 행정기관의 경우 재정 기반이 취약해서 지방자치단체가 고유의 임무를 부담할 능력이 안 되었으므로, 대부분의 일을 국가기관인 가라후토청이 대행했다. 다만 세금 부담이 내지(일본 본토)보다 가벼워서 그만큼의 경제적인 여유는 있었다.[9]

아이누, 윌타(옛 이름으로는 오로코), 니브히(옛 이름으로는 길랴크) 등의 선주민족이나 러시아계 주민 등 원주민 인구가 매우 적은 가라후토는 법제상으로도 타이완이나 조선과는 달랐다. 타이완 총독이나 조선 총독에게는 본국의 법률에 상당하는 명령(법령, 제령)의 제정권이 부여되었지만, 가라후토청 장관에게는 동등한 권한이 부여되지 않았던 것이다. 신영토인 가라후토는 본국의 법률을 시행할 수는 없었기 때문에 칙령에 의해 선택적으로 시행하는 것을 통해서 법제도적으로는 본국에 준하는 것으로 되어 있었다.[10] 가라후토는 통치를 위해 특별한 고려를 할 필요가 없는, '외지라는 성격이 가장 희박한' 외지였다.[11]

다만 이것은 법제도상 가라후토가 본국과 동일한 영역에 속함을 의미하는 것은 아니다. 본국의 법률도 칙령에 의하지 않고서는 시행될 수 없다는 점에서 가라후토는 '내지와 동일'하지는 않았다. 이리하여 통치기구로서의 가라후토청은 본국의 부현과는 다르면서도 홋카이도청이나 타이완 및 조선총독부의 중간에 위치해 있어 오히려 홋카이도청과의 공통점이 강했다.[12] 그러나 기후나 토양이 농업에 적합하지 않았던 가라후토는 홋카이도처럼 자발적인 농업 이민을 유치하여 척식사업을 추진하는 것은 곤란했다. 따라서 가라후토청은 가라후토를 자원의 근거지로서 본국 자본의 종속적인 지위에 두는 식민지 정책을 추구하게 된다.[13]

가라후토청은 집단이민 제도를 정비하여 농업 척식을 추진했는데, 그 속에는 본토로부터 집단적으로 이주하여 직접 농업 경영을 시작한 전형적인 농업 이민뿐만 아니라 임업 노동에도 종사하는 이민 겸업 세대, 축산 생산물의 판매를 목적으로 하는 상업적 농업 세대의 모습도 있었다. 가라후토 농정의 실상은 가라후토청이 추진한 농가 경영의 모델로 수렴되지 않는 각 농업 종사자 개인의 집합에 불과했지만, 가라후토청은 농업 척식의 추진을 목표로 하여 히로히토 황태자(나중의 쇼와 천황)의 '가라후토 행차'(1925)나 가라후토 모범 농가에 대한 현창 사업 등을 통해서 가라후토 농민에게 척식의 이데올로기를 수용하게 했던 것이다.[14]

그러나 미곡을 비롯하여 생활 물자의 대부분을 일본 본토로부터의 공급에 의존하는 가라후토의 재정은 농업, 임업과 펄프 및 제지, 석탄업 등을 기간산업으로 하는, 자연자원의 식민지형 착취 경제에 기반했고, 이러한 산업 기반 아래에서 이민사회가 형성되었다. 역사지리학자인 미키 마사후미三木理史의 말을 빌리면, 조선이나 타이완의 경우 재류 일본인의 대다수가 식민지의 화이트칼라 직종에 종사하는 '착취 투자형 식민지'였던 것과 달리, 원주민의 인구가 희박했던 가라후토는 '이주형 식민지'로서 성립했던 것이다.[15]

일본이 가라후토를 점유할 당시 가라후토의 기간산업은 어업이었다. 그러나 겨울철이면 바다가 얼어붙기 때문에 가라후토청은 어업에서 발생하는 수입을 육지의 자원 개발을 위한 기반 정비에 전용하여 좀 더 장기적인 식민정책의 조건을 정비하려 했다. 이리하여 임업과 석탄업이 가라후토의 기간산업이 되었다.[16] 1910년대 후반부터 미쓰이三井 재벌에 의

가라후토의 임업(삿포로 시 중앙도서관 디지털라이브러리 제공)

한 산업화로 자본 척식이 시작됨에 따라 가라후토가 펄프 및 제지 공장의 섬이 됨으로써 일본인 이주자들은 경제적 기반을 확보하게 된다.[17]

임업, 석탄, 제지업은 일원화하여 가라후토의 도시부는 이 같은 세 산업의 콤플렉스(복합체)로서 발전하게 된다. 그 결과 가라후토의 관문인 오도마리(大泊, 1914)나 가라후토청의 소재지인 도요하라(豊原, 1917), 서쪽 해안의 중심 도시인 마오카(眞岡, 1920)뿐 아니라 서쪽 해안 북부의 에스토루(惠須取, 1925), 동쪽 해안 북부의 시루토루(知取, 1927)까지 순차적으로 펄프 및 제지 공장과 임업 지대는 확산되었다.[18]

펄프 공업의 경우 1926년까지 8개 공장이 진출하여 일본

펄프의 약 5할을 가라후토가 공급하게 되었다.[19] 이렇게 해서 가라후토청은 사회 경제면에서 가라후토를 자원 근거지로서 본국 자본의 종속적 위치에 두는 식민지 정책을 추구했다. 풍부한 천연자원을 '미끼'로 하여 가라후토청이 본국의 대형 자본을 '수입'했고 그 자본을 노리고 이민 노동자들이 섬으로 밀려들어온 것이다.[20]

조선인의 투입과 강제동원

일본이 전시 체제(1939년 이후)에 돌입하자 가라후토의 석탄에 주목이 집중되었다. 1930년대 후반 이후 가라후토는 일본의 연료기지화되었다. 최대의 산지였던 태평탄광을 품고 있는 에스토루 지방 쪽으로는 이민이 더욱 확대되었다. 1935년 시점에 2만 6549명이었던 인구가 1941년에는 3만 9026명까지 급증하여, 에스토루는 도요하라를 제치고 가라후토 최대의 도시로 성장했다.[21]

서해안의 북부 지역은 많은 노동자를 불러들이는 지역이었다. 국가의 생산력에 가라후토가 직접 기여할 수 있는 최대의 것이 석탄이었고, 그것이야말로 가라후토의 존재 의의이기도 했다. 양질의 석탄이 풍부한 서해안 북부에서는 새로운 탄갱 개발을 향한 회사 간의 경쟁과 호황으로 인해 임금이 높아서 농촌이나 홋카이도의 탄광으로부터 노동자가 유입되었다. 이것이 본토의 전시 노동력을 적정하게 배분할 수 없을 정도의 위협을 야기함으로써 조선인 노동자가 가라후토로 투입된다.[22]

이처럼 가라후토의 식민지화는 급격한 산업화를 동반함으로써 노동력 확보가 쉽지 않았던데다 본국의 중앙 자본과 직결되어 진행되었던 까닭에 확장된 도시 사이의 교통 체계 정비가 경시되었다고 러시아사 연구자인 아마노 나오키天野尚樹는 지적한다.[23] 그 노동력 부족 해소를 위해 충당되었던 것이 조선인 노동자였다.

앞의 미키 마사후미가 말한 것처럼, 시베리아 출병 당시의 일본군의 북사할린 보장점령의 철폐에 따라 다수의 조선인이 남하한 이유도 있고 해서 1926년 12월 말 단계에서 가라후토에는 4387명의 조선인이 거주하고 있었다.[24] 가라후토의 식민지 경영에 필요한 노동력 확보를 위해 일본인 거주자의 유치와 정착 촉진이 중요했지만 뜻대로 잘 되지 않았고, 결과적으로 대체 노동력으로서 조선인과 중국인을 향해 눈을 돌리게 되었다. 일소기본조약이 체결되었던 1925년 이후 조선인은 가라후토에서 두 번째로 인구가 많은 민족이 되어 가라후토청이 위기감을 느낄 정도였다.[25] 가라후토를 "다수 에스닉의 사회"로 보고 그 이민사회 형성을 고찰한 사할린사 연구자 나카야마 다이쇼中山大將도 1938년 말에는 7625명의 조

선인이 가라후토에 거주하고 있었다고 말한다.[26]

제국 일본이 전시 체제에 돌입하는 1939년 이후에는 조선 반도로부터의 모집과 알선에 의한 노동 동원이 본격화된다. 그런데 1930년대 후반 이후 급격히 증가하던 가라후토 탄광의 석탄 배출량은 1940년도에 최고점에 이르지만 그 후로는 선박이 배치되지 못해 저탄량이 증대되어 채굴을 억제해야 했고 탄광 정리와 통합이 필요했다.[27] 아시아태평양전쟁이 본 격화되고 전선이 확대됨에 따라서 선박이 남방으로 동원되 었던 것이 원인이었다.

연료기지화가 좌절되자 가라후토의 식민지로서의 지위도 흔들리게 되었다. 이를 타개하기 위해 도내 사회자본의 정비 를 도모하는 한편, 우량 탄광을 골라 이를 유지하고 도내에서 석탄을 가공함으로써 공업화도 계속했다. 전시 체제에 의해 일본인 노동자 확보가 곤란해지자 조선인은 노동정책을 조 정하는 밸브로서 기능하게 되었다.[28]

이처럼 노동력 부족으로 고심하던 1940년대의 가라후토 에서는 전시 노무대책으로 조선인 이입이 서둘러 결정되었 다.[29] 이에 의해서 조선인 이민 수는 1940년에 1만 6056명, 1943년에는 2만 5765명으로 급격히 증가하는데, 대부분은 남성 노동자들이었다.[31]

1944년 9월 가라후토 서해안 에스토루 이북에 있던 13

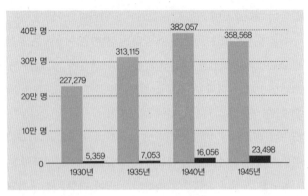

40만 명 ·· 382,057

313,115

358,568

30만 명 ····················

227,279

20만 명 ···········

10만 명

5,359   7,053   16,056   23,498

0
1930년   1935년   1940년   1945년

전전 사할린의 일본인(왼쪽)과 조선인(오른쪽) 인구 추이[30]

개 탄광 사업소에서 일하던 약 9000명의 탄광 노동자가 일본 내지의 도호쿠東北와 규슈九州로 전환배치되었다.[32] 그중 3000명이 조선인이었다. 당시 선박이 부족해서 채굴한 석탄이 산적해 있어서 자칫 자연발화의 위험성이 있었다. 이제 사할린에서 채굴한 석탄을 본토로 수송하는 것은 곤란한 상황에 직면했다. 1944년 8월 11일 일본 정부는 전황의 악화를 이유로 '가라후토, 구시로釧路의 석탄 노동자 및 자재에 관한 급속 전환의 건'을 내각회의에서 결정함으로써 선박 배치를 중단하게 된다.[33]

한편 가라후토에서 조선인 인구가 증가함에 따라 내선인內鮮人 융화 단체가 결성되었다. 이는 조선인을 지배하기 위해

경찰을 주축으로 내지에서 결성한 내선협화회에 호응하여 만들어진 조직이었다. 1927년 10월 시점에 7개 단체가 있었는데 이들의 활동은 일본어 지도, 노동 알선 및 지도, 복리 및 구제가 중심이었다. 이리하여 결국 황민화 정책을 준비하기 위한 가라후토 협화회가 설립되었다. 다만 당국에서는 1940년대에 들어와 조선인 노동자가 급증하는 상황에서 그 대부분이 '무학 문맹'의 육체 노동자여서 도덕 관념이나 준법 정신이 매우 희박하다고 인식하고 있어 이들을 곧 '내지화'하는 존재로 간주하고 있지는 않았다.[34]

이처럼 이주자의 계급적 요소라는 문제도 있어서 '이주형 식민지'였던 가라후토에서는 조선이나 내지와는 다른 지배와 피지배의 관계가 구축되고 있었던 것으로 보인다.

패전과 피난

가라후토의 일본제국 신민(조선인을 포함)의 수는 1941년에 이미 40만 명을 넘고 있었는데, 탄광 노동자의 전환배치가 있었음에도 불구하고 패전하던 1945년에도 약 40만 명이 생활하고 있었다. 소련과의 국경이 육지로 이어져 있기는 했지만, 1941년 4월 일소중립조약이 체결되었으므로 긴장감은 없었다. 내지처럼 공습으로 집이 불타버리는 경우가 없어서 내지에서 온 사람들에게 가라후토는 그야말로 평화의 섬으

로 보였다.[35]

북위 50도선을 경비하는 일도 가라후토청 경찰부가 소수의 무장경관을 배치해놓은 정도에 불과했다. 노몬한 사건 (1939)을 계기로 가라후토 혼성여단이 가미시스카上敷香에 편성되어 있었지만, 소련을 자극하지 않기 위해 위장 군대로서 소규모의 보병부대가 국경 근처 고톤古屯에 파견되어 있었다. 해상경비의 거점은 에스토루였다.[36]

그러나 전황이 악화되자 일소중립조약을 취하고 있었던 소련보다도 미군의 진공을 준비하는 작전에 중점을 두고 항공 병력도 남치시마로 이동했다. 또한 1945년 2월에 가라후토 혼성여단을 제88사단으로 개편함에 따라 소련에 대응하기 위한 군대는 겨우 1개 대대만 고톤에 남겨두고 사단의 주력을 가미시스카 주변과 나이로內路 쪽으로 돌려 대미 진지를 구축했다. 게다가 급하게 편성된 제88사단 역시 장비가 충분치 않아 식량, 피복, 무기, 탄약 등을 수송하는 병참부대 중에는 여섯 명의 병사가 소총 1정만을 보유하고 있어 전쟁이 일어나면 죽창에 총검을 싸매고 적을 상대해야 하는 부대까지 있을 정도였다.[37]

1945년 8월 8일 소련은 일소중립조약을 파기하고 일본에 선전포고를 한 뒤 이튿날인 9일에 만주(중국 동북부) 및 사할린에서 공격을 개시했다. 국경 부근이나 가라후토 북부 동해안의 시스카 및 서해안의 에스토루, 도로塔路에는 공습이 격렬했으나 이에 대응하는 일본 전투기는 나타나지 않았다. 13일 새벽에는 에스토루, 토로에 함포 사격이 있었고 지상부대의 공격도 본격화되었다.

가라후토청 장관 오쓰 도시오大津敏南는 소련군의 공격이 시작된 8월 9일 최단 기간에 주민을 가라후토로부터 긴급히 귀환시키되, 모든 비축식량, 기업 및 각 기관의 설비와 비품, 기타 유용한 자재를 반출하라는 내무대신의 지령을 전보로 받은 상황이었다.[38] '비상시 주민 및 물자 수송 계획'을 은밀히 준비해두고 있었던 가라후토청과 제88사단은 서둘러 수송 계획을 세우고 요강을 작성하여 13일부터 노인과 어린이, 그리고 부녀자들을 홋카이도로 긴급소개했다. 그러나 북쪽 지역의 전황은 남쪽 지역의 마을에는 거의 알려지지 않았다. 이 때문에 당초에는 긴급소개를 지망한 사람도 많지 않았지만, 15일이 되어 국경 주변 마을 사람들이 허둥지둥 남하하는 것을 보고서야 비로소 자신들이 전쟁의 격랑 속에 빠져들었다는 것을 실감했다.[39]

가라후토에서는 8월 15일의 '옥음방송'으로는 전쟁이 종결되지 않았다. 가라후토 최대의 도시였던 에스토루에는 8월 16일 소련군이 상륙했다. 서해안선 쪽 철도 종점을 도마리오루泊居에서 에스토루까지 연장하는 계획은 우선 구슌나이ㅅ

春內까지 완성되었지만(1937), 군 작전상의 필요로 자재를 전용하게 되어 시스카 이북의 국경을 향하는 동해안선을 연장하는 데 몰두했다.[40] 이 같은 사정으로 에스토루에는 철도가 개통되지 않았으므로 항구도시인 오도마리나 마오카가 있는 남부로 피난하기 위해서는 가라후토 산맥을 넘어 동해안의 나이로까지 약 90킬로미터의 나이케이內惠 도로를 이용하거나 서해안 연선을 따라 남하하여 진나이珍內를 통과하여 구슌나이까지의 약 100킬로미터의 진케이珍惠 도로를 걸어가는 수밖에 없었다.[41]

소련군 지상부대가 남하하는 상황에서 가라후토의 일본인과 조선인은 '피난'이라는 고난을 경험하게 된 것이다. '피난'은 여성이나 노인, 어린이들에게는 견딜 수 없을 정도로 가혹한 도정이었다.

'종전' 후인 8월 17일에는 소련군이 에스토루를 접수했다. 가라후토의 정치, 경제, 문화의 중심이었던 도요하라 역 주변은 공습으로 불에 타버려 허허벌판이 되었고, 20일에는 마오카도 함포 사격을 받았다. 소련군이 마오카로 상륙하여 상대를 제압하는 과정에서 마오카 우편국의 전화교환수였던 아홉 명의 여성이 음독자살하는 사건이 일어났다. 오도마리에서부터 홋카이도로의 '탈출'은 23일 소련군이 소야宗谷 해협을 봉쇄할 때까지 이루어졌는데, 그 수는 7만 6000명을 넘

도요하라 역 앞에서 본 신사 거리(삿포로 시 중앙도서관 디지털라이브러리 제공)

었다. 그러나 그 뒤에도 홋카이도를 향해 바다를 건너려는 사람들이 끊이질 않아서 약 2만 4000명이 어선 등을 이용하여 탈출한 것으로 알려져 있다.[42] 이와 반대로 가족을 찾아 홋카이도에서 '역밀항'하는 사람들도 적지 않았다. 이 과정에서 소련군에게 붙들려 시베리아로 끌려간 이들도 있었다. 1944년의 전환배치에 의해 일본으로 송출된 조선인 탄광 노동자들 중에는 감시망을 뚫고 가족이 있는 사할린으로 되돌아옴으로써 이후 사할린에 잔류할 수밖에 없었던 사람들도 있었다.[43]

가라후토에서의 조직적인 전투는 8월 22일 시루토루知取

에서 일소정전협정이 성립되고 23일 소련군 상륙부대가 도요하라에 입성하면서 끝났다. 25일에는 최남단의 오도마리를 장악함으로써 소련은 사할린 섬 전체를 제압했다. 이때 약 30만 명의 발이 묶였는데, 여기에는 2만 3500명의 조선인도 포함되었다. 항구가 있는 도시나 도요하라에 모인 7만 명의 사람들에게는 원래의 거주지로 귀환하라는 명령이 내려졌다. 남사할린과 쿠릴 제도에서 침략자로 행세하던 소련 부대의 지휘관과 병사들의 난폭무도한 행위와 약탈이 행해지는 등 한 달간에 걸쳐 무질서와 무법천지 상태가 계속되었다.[44]

'가라후토'에서 '사할린 주'로

이 같은 혼란은 남사할린 민정국이 설치됨으로써 수습의 길에 접어들게 된다. 종전 초기에 소련군은 가라후토청을 존속시키는 한편 민정국이 가라후토청 오쓰 도시오 장관에게 지령서를 내어 명령을 포고하는 형태의 간접통치 방식을 취했다. 소련 정권에 충성을 다하고 있다는 것을 일본인 주민에게 보여주기 위해서도 오쓰 장관의 존재를 이용할 필요가 있었다. 그리고 통치기구로서의 가라후토청의 역할이 마무리된 1945년 12월 30일 오쓰 장관은 체포되어 하바롭스크 군사법정으로 송치되었다.[45]

이와 더불어 가라후토청은 폐지되고 1946년 1월 1일 쿠릴 제도(치시마 열도)와 더불어 하바롭스크 지방의 행정 단위의 하나로 남사할린 주가 설치되었다. 이어 1946년 2월 2일 소비에트연방최고간부회의의 지령 '남사할린 및 쿠릴 제도의 토지, 은행, 공영 기업, 철도, 수도, 통신수단의 국유화에 대한 건'이 내려졌다. 이 지령에 의해 두 지역의 모든 토지와 자원, 그리고 종업원 열 명 이상의 기업이 국유화됨으로써 공산주의 체제의 조직화가 진행되었다.[46] 도요하라가 유즈노사할린스크로 변경된 것처럼 각 지명 역시 일본어에서 러시아어로 변경되었다.

소련의 입장에서는 새로 편입된 영역의 생산을 부흥하고 정치적·경제적 안정을 도모하는 것이 급선무였다. 그때까지 제국 일본의 신민이었던 일본인 및 조선인 주민의 생산 활동을 통해서 이를 유지하는 수밖에 없었다. 이들 주민을 대신하여 생산 활동을 이어나가야 할 소련 주민이 정착할 때까지 그들의 귀환을 서두를 필요가 없었다. 그것은 소련 점령하의 사할린에서 러시아인과 일본인 그리고 조선인이 공존하게 되는 것을 의미했다.

1946년 소련 정부는 공식적으로 남사할린 및 쿠릴제도로의 이주 캠페인을 개시했다. 같은해 6월 6일에는 1만 7364명의 최초 이주자가 사할린에 도착했고, 7월 15일에는 2480세대에 달했다. 이주자들은 지구별로 배정되었지만 어떠한 기

일본인 가정에서 함께 산 러시아인 가족(유즈노사할린스크, 1945년, 사할린 주 역사사료관 제공)

업도 이들을 수용할 준비가 되어 있지 않았다. 11월에는 대륙에서 도착한 이주민들에 의해 남사할린 주 9개 지구에 24개의 콜호스(집단농장)가 조직되었다.[47]

남사할린의 도시나 마을에는 각종 시설이나 조직에 할당되는 건물이나 주택은 물론, 이를 수리하기 위한 건설 자재가 절대적으로 부족했다. 모든 것이 불비, 부족한 상태였으므로 사할린에 이주해온 소련 시민이 주거지를 획득하고 생활이 안정되는 것은 매우 어려웠다.[48] 이 같은 상황 때문에 소련 군인이나 새로 온 주민이 일본인이 거주하는 집에 세 들어 생활하는 경우도 드물지 않았다.

일본의 학교 교육은 점령 후의 혼란 속에서 재개되었다. 전전 가라후토에는 일본인 아이들을 위한 교육기관으로 소학교 273개, 중학교 14개, 특별학교 12개가 있었는데, 아동 및 생도의 수는 전체 7만 9729명이었다(1946년 당시). 민정국 장관 크류코프는 일본학교뿐만 아니라 러시아학교의 문제에도 관심을 가지고 있어서 유즈노사할린스크에 최초의 러시아 학교가 개교했다.[49] 조선인들도 자신들의 민족학교를 설립했다.

이리하여 일본인의 학교 교육은 교실을 나누어 사용하거나, 2교대 수업이나 콩나물 교실을 이용하는 등의 방법으로 수신修身 및 지리 교과를 제외한 채 1946년까지는 계속되었다.[50] 그 뒤 일본인 귀환으로 아이들이 감소하자 일본학교는 통합, 축소되거나 러시아학교나 조선학교로 전환되었다.

1947년 1월 2일에는 남사할린 주도 폐지되고 사할린 섬 전체와 쿠릴 제도를 합친 사할린 주가 설치되었다.

일본인 귀환과 조선인의 잔류

전후의 국제질서를 구상하던 연합국 측의 입장에서는 민족 문제 해결을 위해, 일본제국의 판도 속으로 확산되었던 사람들을 국민국가라는 틀 속으로 들어갈 수 있게 수속하는 것이 매우 긴요한 과제였다. 연합국의 점령 지구에서는 전후 곧

삼림 화재시 소화용품과 페인트를 취급하던 일본의 협동조합(코르사코프, 1945년. 사할
린 주 박물관 제공)

바로 귀환이 시작되지만, 앞에서 말한 바와 같이 소련에게 일
본인의 귀환은 우선 과제가 아니었다.

일본인(군인을 포함)을 귀환하는 일은 소련 각료회의에 전권
이 위임되어 사할린에서는 극동군관구군사위원회가 공동으
로 수행했다. 귀환 실시를 위해 사할린 주와 각 지구에는 각
각 송환문제위원회가 창설되었다.[51]

소련군이 사할린을 제압함에 따라 발이 묶인 일본인은
1946년 11월 27일 GHQ(연합국군총사령부)와 소련 사이에 체
결된 '소련지구미소송환잠정협정'에 의해 다음달부터 집단
적으로 귀환을 시작했다.

11월에 접어들자 이미 귀환 준비가 진행되어 마오카가 귀환 항구로 지정되었고, 이전에 학교였던 건물에 귀환자를 위한 체류 시설이 설치되었다. 12월 5일 일본으로 향한 첫 번째 귀환선이 하코다테函館에 입항했다. 12월 8일까지 네 척이 입항한 이 제1차 귀환에서는 일반인 2787명, 전직 군인 2915명, 합계 5702명이 일본으로 귀환되었다. 12월 19일에는 정식으로 '소련지구미소송환협정'이 맺어졌다.

  1947년 1월 6103명을 태운 네 척의 귀환선이 출항함으로써 제2차 귀환이 시작되지만, 본격화된 것은 같은해 봄 이후 18만 865명을 귀환한 제3차 귀환에서부터였다. 1948년 제4차 귀환에서도 11만 4073명이 귀국했다. 패전 직후의 집단귀환은 1949년 여름 4709명이 귀환된 제5차 귀환을 끝으로 종료되었다. 약 31만 명(치시마 열도를 포함)이 귀환된 이 집단귀환을 이 책에서는 '전기집단귀환'이라 부른다.

  귀환자 명단에 정리된 귀국 출발 순서를 보면 첫 번째는 일본에 가족이 있는 기업의 소유주와 그 간부, 관리, 인텔리, 회사원이었다. 그 다음으로 노동자와 1947년의 농작물 수확을 마친 농민 및 농촌에서 일하는 사람들 중 일부가 출발했다. 귀환 순서가 가장 늦은 사람들은 의사, 교원, 기술자, 종교 관계자였다.[52]

  '소련지구미소송환협정'에서는 매달 5만 명씩 귀환시키기도록 되어 있었지만, 이 계획은 대체로 순조롭게 진행되지 않았다. 겨울철 해면의 결빙이나 소련의 식량 사정도 이유였지만, 경제 사정이나 노동력 확보를 위해 부득이 일본인 노동자들의 귀환 속도를 지연시키는 것을 소련 정부가 허용하고 있었기 때문이다.[53]

그러나 귀환이 늦어진 일본인보다도 더 비참한 운명을 감내해야 했던 것은 모집이나 관의 알선, 혹은 전시징용 등 강제동원에 의해 끌려온 조선인들이었다. 이들은 가혹한 노동 조건하에서 저금이라는 명목으로 급여까지 빼앗겼을 뿐만 아니라 계약 기간이 만료되어도 귀국 허가가 나지 않았다. 게다가 1944년의 전환배치에 의해 사할린과 일본 본토로 가족이 나눠지기도 했다. 또한 일본인이 귀환되는 상황에서 귀환 대상이 아닌 조선인은 배에 오르는 것조차 허용되지 않았다. 사할린에 남겨진 조선인들은 일본인만을 대상으로 한 귀환을 도저히 납득할 수 없었다.

연합국 점령하에 있던 일본은 사할린에 남겨진 자국민의 귀환을 적극적으로 GHQ에 요구했지만 조선인의 귀환을 요청했다는 흔적은 발견되지 않는다. GHQ도 사할린에서 2만~4만 명에 이르는 조선인이 귀환을 기다리고 있다는 것을 파악하고 있었다. GHQ 참모 제3부는 마오카에서 조선인을 태워 사세보佐世保를 거쳐 부산으로 돌아가려는 구체적인 방책을 외교국에 제안했지만, 조선 내의 질서 안정을 우선하는 재조선 미군정 당국에게 이는 긴급한 과제가 아니었다.[54]

소련 정부도 인구조사를 실시하여 사할린에는 약 2만 3000명의 조선인이 있으며 이들 조선인이 조국으로의 귀환을 희망하고 있다는 것을 인식하고 있었다. 1947년 일본인 귀환이 본격화되자 조선인의 귀환 요구도 활발해졌다. 사할린 주의 귀환문제위원회는 1947년에 몇 차례에 걸쳐 조선인이 본국으로의 귀환을 요구하고 있다는 것을 소연방각료회의 송환문제위원회에 보고했고 이는 모토로프 외상에게도 전달되었다.[55]

소연방각료회의 송환문제위원회 위원장인 가리코프 대령은 1947년 12월과 이듬해 1948년 하반기에 조선인을 귀환하려는 계획을 수립했다. 그는 노동력 확보를 위해 조선인을 억류하는 것은 소련에게 유익하지 않다면서, 귀환되는 지역을 북조선으로 해야 한다고 주장했다.[56] 그러나 이 계획은 승인되지 않았다. 남사할린의 산업과 어업 노동력에 타격을 준다는 이유로 1948년에는 집단귀환이 이루어지지 않았고, 일본인의 귀환이 완료된 뒤 귀환 문제를 거론하기로 했다. 일본인의 전기집단귀환은 1949년에 마무리되지만 이듬해에 발발한 한국전쟁(1950~1953)은 사할린 조선인의 운명이 '잔류'로 귀결되는 결정적인 요인이 되었다.[57]

사할린 조선인 사회의 형성

일본의 패전은 사할린의 조선인에게도 충격이었을 터이다. 가라후토는 1943년에 내지로 편입됨으로써 식민지적 성격에서 벗어나 본토와 일체화되었다.[58] 실상이 어떠했건 행정적으로는 내지의 일부가 된 가라후토는 조선인에게 일본의 영토나 다름없었다. 아이들은 황민화 정책이 실시되는 학교 교육에 편입되었고, 일본어를 일상적으로 사용하는 가정도 적지 않았다. 이 같은 상황에서 소련의 점령하에 놓이고 종주국 일본제국이 해체되자, 조선인은 스스로 미래를 타개해나가야 했다.

사할린의 조선인들은 해방된 조국으로 귀환을 준비하면서 일본의 재일 조선인들처럼 민족적 정체성을 기르는 교육에 힘을 기울였다. 일본 패전 후 사할린 주의 인민교육부에 의해 각지에 조선학교가 조직되었다. 1945년에 27개의 초등학교가 개교했다. 이듬해에는 28개가 되었고, 7년제의 중학교도 8개가 개교하여 대략 3000명의 학생이 취학했다. 설립 당초 일본식으로 이루어졌던 교육은 곧 소련식 시스템으로 재편되었지만, 한국어로 교육을 하기 위한 교사와 교과서는 부족했다. 주 인민교육부는 교원 능력 향상을 위한 연수 같은 것을 조직했으나, 이 문제는 쉽게 해결될 수 있는 것이 아니라고 판단하여 중앙아시아로부터 조선인 교사를 파견해줄 것

을 모스크바의 당 중앙위원회에 요청했다.[59]

중앙아시아의 조선인이라고 함은 19세기 중반 이후 조선 반도에서 극동 러시아 연해주로 이주했다가 1937년 스탈린의 정책에 의해 중앙아시아 각지로 강제 이주당한 소련 거주 조선인을 의미하는 것으로 '고려인'이라고 불렸다. 1946년부터 이들 고려인이 조선인을 소비에트 사회에 동화시키기 위한 지도요원이나 통역으로 사할린에 파견되었다. 조선인 노동자가 많이 일하고 있던 사업소에는 거의 대부분이라고 해도 좋을 정도로 고려인이 부관리(부사장)라는 신분으로 부임하여 정치부장으로서 조선인 노동자에 대해 권력을 행사하고 있었다.[60]

조선인의 학교 교육에도 고려인이 요직에 부임했다. 고려인 교사는 1947년 말에 사할린 주 전체에서 33명에 불과했지만, 1948년에는 100명 이상의 고려인이 파견되었다. 마침내 조선학교의 교사는 고려인으로 채워져 갔다.[61] 고려인 교사는 일본에 오염된 조선인을 정치적으로 지도한다는 사명감에 불탔다. 이 때문에 사할린 잔류 조선인과는 갈등을 일으킬 정도로 이들은 이질적인 존재로 간주되었다. 사할린에 파견된 고려인은 2000명에 이르렀다.

또한 일본인의 귀환에 의해 부족해진 노동력을 보충하기 위해 소련 정부는 북조선 정권(1948년 9월에 조선민주주의인민공화국 수립)과 협정을 맺고 1946년 5~6월에 약 2000명의 조선인 노동자를 모집하여 주로 수산업에 종사하게 했다. 최종적으로는 1946~1949년 사이에 2만 891명의 노동자와 5174명의 가족들을 받아들였다.[62] 계약 기간은 2년 또는 3년간으로, 어업, 석탄업, 입업 현장에 투입되었다. 그러나 계약 기간이 끝나고 귀국한 이들은 1만 4393명에 불과해 1만 1500명의 북조선 노동자 및 가족이 잔류했다. 그 뒤 이들도 서서히 귀국하기 시작하여 1962년 시점에서 잔류자는 3851명이 되었다.[63]

고려인이나 북조선 노동자 중 일부는 사할린에 남게 되었고, 이렇게 하여 다양한 조선인이 전후 사할린의 조선인 사회를 형성했다.

국적 때문에 희생당한 사람들

조선인의 사할린 잔류가 길어지면서 이들의 시민적 권리 문제가 부상했다. 무국적 상태인 이들은 이동의 자유가 없었고 일을 하는 데도 지장이 있었다. 소련 정부는 1952년 각료회의에서 소련 국적을 인정하기로 결의함으로써 문제 해결을 도모했다. 내무성 사할린 주 경찰서장 프레티뇨프 대령이 사할린 주 집행위원회의 쿠지크 위원장에게 보낸 전보에 따르면 사할린 잔류 조선인과 일본인 중 1952년 72명, 1953년

레소고르스크(나요시) 조선인 학교의 1961~1962년도의 졸업 기념 사진. 앞줄 왼쪽에서 첫 번째가 한 알렉세이, 두 번째가 고려인 교원(정태식 제공, 앞줄 오른쪽에서 두 번째)

1204명, 1954년 529명, 1955년 166명, 1956년(9월까지) 166명이 소련 국적을 취득했다.[64]

　고향으로의 귀환을 바랐던 이들은 소련 국적 취득이 귀환에 방해가 되는 것으로 간주해서 신중한 태도를 보였다. 그러나 1970년대에는 정주화가 진행되어 많은 조선인이 소련 국적을 취득했다. 1970년 시점에서 3만 5000명이 넘는 사할린 잔류 조선인 중 소련 국적자가 1만 9400명, 북조선 국적자가 8300명, 무국적자가 7700명이 좀 안 되었다. 1989년에 이르

면 무국적자는 2700명으로 감소하기에 이른다.[65]

1950년대 말의 후기집단귀환에서 조선인 중 일부가 일본인 아내와 더불어 일본으로 돌아가게 됨으로써 조선인 사회에 동요가 일어나자 나홋카의 북조선 영사관은 북조선 국적의 취득과 '귀국'을 종용하는 회유 공작을 공공연히 했다. 한국과의 국교가 없는 냉전의 한가운데에서 무국적 상태에서 벗어나기 위해서 이는 하나의 선택지일 수 있었다. 북조선은 재일 조선인의 '귀국 사업'과 마찬가지로, 사할린 잔류 조선인의 북조선으로의 '귀국'을 계획하고 있었다. 실제로 1959~1961년에 조선인이 다수 거주하는 사할린의 서해안 지방에서는 대학 진학 등을 목표로 적지 않은 조선인이 북조선으로 건너갔다.[66]

그러나 사할린에서 북조선으로 이주한 사람들을 통해서 그곳의 살림살이가 열악하다는 정보가 전해지자 1960년대 후반에서 1970년대 초에 걸쳐 사할린 조선인은 북조선 국적을 포기했다. 1970년 8300명이었던 북조선 국적자는 1989년에는 300명으로 줄었다.[67]

그런데 조선인 남편과의 관계 때문에 북조선 국적을 취득한 일본인 여성은 나중에 생각지도 못한 곤란에 직면하게 된다. 일본에 영주 귀국하기 위해서는 일본 국적을 보유하고 있었다는 것을 증명해야 하는데, 일본의 국적법은 일본 국적에서 자발적으로 이탈한 사람의 국적 회복은 인정하지 않았다. 대개 어쩔 수 없는 사정으로 소련 국적이나 북조선 국적을 취득한 사할린의 일본인 여성은 이에 대한 설명을 해야만 했는데, 특히 북조선 국적을 지닌 경우 귀국하는 데 많은 문제를 겪었다.

소련 국적 취득 문제는 사할린 잔류자나 귀국자들 사이에서 취득 시기나 수속 등에서 다양한 사례가 발견된다. 이른 시기에 소련 국적 취득을 권유받은 사람이 있는가 하면, 신청을 해도 좀체 허가가 나지 않는 사람도 있었다.

한국과 일본 사이의 다층적인 가족 형성

1946~1949년에 전기집단귀환이 이루어졌지만, 사할린에는 아직 많은 일본인이 남아 있었다. 조선인이 귀국선에 타는 것이 허용되지 않았기 때문에 조선인과 결혼한 여성과 그 아이들은 사할린에 남겨지게 된 것이다. 일본인 여성의 아이들 중에는 조선인 남편과의 사이에 태어난 아이도 있는가 하면, 조선인과 재혼하기 전에 일본인 남편과의 사이에 태어난 아이도 있었다.

조선인이 잔류를 강요당함으로써 이들 조선인과 가족 관계를 형성하게 된 일본인 여성과 그 아이들은 전후 사할린에서 조선인 커뮤니티의 일원이 되어 대개의 경우 조선인으로

소련공산당 사할린 주
위원회의 기관지로서
사할린에서 발행된 조
선어 신문(사할린 주 역
사사료관 소장)

살아가게 되었다. 다만 일본제국의 붕괴에 따른 민족적인 서
열 구조의 역전은 전후 소련 지배하의 사할린에서는 마이너
리티인 조선인과의 관계 속으로 편입됨으로써 중층적인 구
조를 낳아, 사할린 잔류 일본인은 조선인보다 하위의 서열에
놓이게 된다.

　이는 사할린 잔류 일본인 여성을 일본인이라는 민족 범주
만으로 파악하는 것은 불가능하며, 다른 민족 집단과의 관계

성, 특히 조선인과의 사이에서 형성된 다민족적인 가족 관계 속에서 고찰해야 함을 의미한다. 실제로 조선인의 아내나 조선인 가정의 의붓자식이 된 전후 사할린의 일본인 여성과 그 아이들은 조선의 문화와 언어를 습득해야만 했고 이들 대다수는 조선식 이름을 가지고 있다.

일본인과 조선인의 가족은 사할린에 강제동원된 조선인 남성이 패전 후 갈 곳을 잃어버린 일본인 여성을 맞이함으로써 성립했다고 하는 관점도 있다. 그러나 일본인과 조선인의 관계는 그전부터 구축되고 있었다. 전술한 것처럼 '이주형 식민지'인 가라후토에는 전전부터 많은 조선인이 돈벌이를 위해 들어와 있었다. 대부분 단순 노동에 종사하는 남성이었다. 조선이나 타이완이 '착취 투자형 식민지'였음에 비해 '이주형 식민지'인 가라후토에는 비교적 농업, 목축업, 임업, 어업에 종사하는 '노무자 성격의 일본인'이 많았다. 사할린에서 일본인과 조선인 이주자는 지배/피지배와 무관하게 계급적으로 근접해 있었던 것이다.

식민지 조선에서 지배 민족과 피지배 민족의 신분적 차이는 중요한 것이었지만 동화정책을 추진하는 제국은 내지(일본)인과 조선인의 '내선결혼'을 장려했다. 1930년대가 되어 황민화 정책이 추진되자 조선에서는 '내선결혼'의 수가 점점 증가했고, 그 형태도 조선인 남성과 일본인 여성의 조합이 차

츰 많아졌다.[68]

그런데 '내선결혼'은 식민지 조선보다 내지 쪽에서 더 활발했다. 계급적 모순이 민족적 모순을 능가하게 되면 여성에게 '내선결혼'은 생활 향상을 위한 하나의 선택지가 될 수 있었다. 특히 식민지 제국에서 '내선결혼'은 민족 간의 결혼이기는 하지만 '국제결혼'이라는 의식이 희박했으므로 그 문지방이 다소 낮았다고 할 것이다. 이는 식민지 가라후토에서도 마찬가지였을 것이다.

앞에서 소개했던 나카야마 다이쇼는 귀환자와 미귀환자 등 각종 명부를 상세히 분석하여 전후 사할린 잔류 일본인의 실상에 근접하여, 그 수를 1446명으로 간주하고 그중 6할에 해당되는 881명이 여성이었다고 추정한다. 또한 이러한 각종 수치를 통해서 조선인과 일본인 사이의 가족 형성이 전후의 특이한 현상이 아니라 일본제국기에 이미 일어나고 있었다는 사실을 알 수 있다.[69]

물론 많은 남성이 전시 동원되었던 가라후토에서는 적령기에 이른 일본인 여성들이 전후의 혼란기 속에서 살아남기 위해 조선인이나 러시아인과 결혼했다. 부모와 사별을 했거나 소련군의 공격으로 가족을 잃은 패전 국민인 일본인 여성이, 해방 민족이라고는 하지만 조국에 귀환할 수 없게 된 조선인 남성에게 의탁하게 되는 일은 자연스러운 현상이었다

전전 가라후토의 일본인
여성 (1945년, 사할린 주 역사
사료관 제공)

고 할 수 있다.

이 같은 선택에는 전쟁의 혼란 속에서 점령군의 성폭력으로부터 자신을 지키기 위해, 혹은 밀고 등으로 많은 일본인이 스파이 혐의로 체포되는 상황에서 가족을 지키기 위해서 억지로 시집가는 경우에서 보듯, 수동적인 역학관계가 작용하는 경우도 종종 있었다.[70] 또한 가난 때문에 조선인 가정에 양자로 입적하는 경우도 많았다. 이리하여 결혼 관계나 양자 관계, 나아가서는 재혼을 통한 가족 관계 등을 통해 일본인과 조선인으로 이루어진 가족이 다수 생겨나게 된 것이다.

전후 사할린의 조선인 사회는 조선인과 일본인, 때로는 러시아인 등의 다층적인 에스닉 아이덴티티에 의해 구성되는 생활 공간이었다. 그 속에서 기본적으로는 '잔류'라는 운명을 함께하는 가족 관계를 이루기는 했지만, 한때 피지배 민족이었던 조선인들의 원한의 화살이 일본인 아내와 양자 쪽으로 향하는 경우도 있었다. 그 때문에 전후 사할린의 많은 일본인 여성은 몇 겹의 서열 관계에 속박당하면서 불가시적인 존재로서 살아가야 했다.

일본인 여성이 귀국하지 못했던 이유

일소공동선언(1956)을 통해, 그때까지 일본으로 돌아오지 못한 많은 일본인 여성이 1957~1959년까지 조선인 남편 및 자식과 함께 귀국했다. 1957년 8월에서 1959년 9월까지 766명의 일본인 여성과 1541명의 조선인 남편 및 그들의 자식이 일본으로 돌아왔다. 일본인 아내를 둔 조선인 남성이 '축복받은 귀환'을 하게 된 것이다. 이 집단 귀환을 '후기집단 귀환'이라고 부른다.

이 시기 '자국민의 배우자인 조선인'을 받아들인 것은 일본 정부의 본의가 아니었다. 일본 정부는 일본 국적을 가진 이들만 귀국선에 타도록 소련 측에 요청하고 싶었지만 일부라도 이를 수용하지 않을 경우 일본인 귀환에 미칠 악영향을 감안하여 이번에는 이러한 요구나 요청을 하지 않기로 한 것이다.[71]

따라서 한국의 주일 대표부가 일본의 외무성에 구상서口上書를 보내(1957. 8. 6.) 전시 중 일본 정부에 의해 가라후토에 강제징용된 조선인에 대한 차별 대우는 부당할 뿐만 아니라 인도주의에 반하는 것이므로 한국인 귀환자들에게도 일본인과 마찬가지로 귀환 수당과 여비를 지급할 것 등을 요구한 것은 일본으로서는 아닌 밤중에 홍두깨였다. 한국에 대한 식민지 지배와 전후 보상 문제에 대한 인식이 거의 없어 귀환이라는 관념 속에 응당 일본으로 받아들일 수 있는 이는 일본 국적을 가진 자로 제한했으므로 조선인의 귀환을 승인한다는 것은 예상치도 못한 일이었다.[72]

그런데 1958년 1월에 일본인 아내와 더불어 일본에 돌아온 박노학, 이희팔 등이 결성한 가라후토억류귀환자동맹(나중에 가라후토귀환재일한국인회로 이름을 바꿈)은 그 후 사할린 잔류 조선인 귀환 운동에서 중요한 역할을 하게 된다. 이 모임은 냉전하에 소련과 한국 사이에 국교 관계가 없어 수십 년 동안 생사 소식조차 알 수 없는 상황 속에서 정부 기관에 탄원서를 제출하는 등의 귀환 운동을 전개하는 한편, 사할린 잔류 조선인과 한국에서 기다리는 가족들을 연결하는 편지의 중계지가 되었다. 이 모임은 또한 1965년 말부터 귀환 희망자를 모집하여 쇄도하는 편지를 기초로 하여 7000명이 넘는 귀환 희망자 명부를 작성했다. 이 명부가 사할린 잔류 조선인의 귀국을 향한 의지를 드러내는 구체적인 증거가 되어 일본과 한국, 소련의 정치적인 움직임을 촉구하게 된다.

패전 후의 전기집단귀환에서는 많은 사람이 귀환자로서 일본 사회에 복귀하는 것이 가능했다. 그리고 일소공동선언에 의한 후기집단귀환에서도 주로 조선인과 가족 관계를 이룬 여성들이 귀환되었다. 그러나 이 시기에도 이러저러한 이유로 일본으로 귀환되지 못하고 오랫동안 사할린에서 생활할 수밖에 없었던 사람들도 있었다. 조선인 가정에 입적한 아이들은 말할 것도 없고 이미 조선인과 가정을 이룬 잔류 일본인 여성에게도 귀환은 자의로 할 수 있는 것이 아니었다. 귀환되지 못한 것이 반드시 자신의 의지에 의한 것은 아니었음에도 불구하고 제반의 사정으로 귀환을 미루거나 포기한 여성들이 조국으로부터 버려짐으로써 사할린 잔류 '일본인'이 된 것이다.

일본 정부는 중국 잔류 일본인의 경우 패전 당시 13세 이상이면 자신의 의지로 남았다고 간주하고, 사할린 잔류 일본인 여성들에 대해서도 개인적 의지에 의한 것이라고 하여 귀환 대상으로 간주하지 않았다. 더욱이 소식 불명이 된 전후

의 미귀환자 조사에 대한 최종 조치를 강구하기 위해 제정된
'미귀환자에 관한 특별조치법'(1959, 기시 노부스케 내각)에 의
해 당시 소식이 불명확한 '중공中共 미귀환자'의 사망 처리가
가능해지자, 사할린 잔류 '일본인'도 이 법에 근거한 전시 사
망 선고에 의해 호적에서 말소되었다.

1990년대 이후 사할린에 남겨진 일본인의 일시 귀국을 지
원하는 활동을 전개한 것이 민간의 일본사할린동포교류협회
이다. 이 협회는 1990년대에 사할린에 잔류하는 일본인을 조
사하고 명단을 작성했다. 그런데 이 명단은 이름으로 일본인
을 선별한 것이 아니었다. 전체 173명 중 여권이 일본식 성이
나 이름으로 되어 있는 사람은 68명이고, 조선식 성이나 이
름을 가진 사람이 83명이었다. 절반 이상이 조선식 이름이었
던 것이다. 나머지 22명은 러시아식 이름이었다.

이는 전후 사할린에 남겨진 많은 일본인이 전후에 귀환하
지 못하고 일대 마이너리티 집단이 된 조선인 커뮤니티에 편
입되었다는 것을 의미한다. 명단은 대부분 여성이었다. 즉 전
후 사할린 사회는 일본과 한국을 '경계'로 하여 나누는 것이
불가능한 중층적·복합적인 역사 공간이었다.

본국 귀국자로서의 영주 귀국
동서냉전 속에서 관계국의 이해관계가 어긋나는 바람에

해설

공전하고 있던 조선인 및 사할린 잔류 일본인의 귀환이라는
톱니바퀴는 1980년대 후반 냉전 붕괴라는 세계적인 변화를
맞이하면서 움직이기 시작했다. 마침내 관계국 사이의 생각
이 일치하여 역사의 파도를 타고 사할린 잔류자의 영주 귀국
혹은 본국과의 상호 방문이 가능해졌다. 그리고 이들은 근래
에 일본이나 한국으로 영주 귀국하고 있다. 하지만 그들이 가
려는 곳이 반드시 각자의 '조국'은 아니다.

　현재 일본과 한국의 사할린 잔류자의 '귀국'에 대한 제도
적인 차이에 따라 이들 가족이 일본과 한국에서 따로 생활하
는 경우도 드물지 않다는 사실에서 알 수 있듯, 사할린 잔류
'일본인'과 '조선인'의 대다수는 일본인이나 한국인으로만 간
주할 수 없는, 일 · 한 · 러에 걸쳐 있는 트랜스내셔널한 '본국
귀국자'라는 문제 영역을 안고 있다. 이하에서는 '잔류 일본
인'의 사례를 개관해보려 한다.

　1990년대에 들어와 사할린에 남겨진 일본인을 대상으로
공적 지원에 의한 일시 귀국이 시작된다. 일시 귀국을 지원하
는 활동에 전념하고 있는 단체는 민간의 '가라후토동포일시
귀국촉진모임'(일본사할린동포교류협회를 거쳐 현재는 일본사할린
협회)이다. 1990년에 첫 번째 집단 일시 귀국자를 맞이했고,
1992년부터는 영주 귀국도 지원하게 되었다. 2013년 현재
NPO법인 일본사할린협회로 계승되기까지 이 모임의 지원

을 통해 134세대 303명이 영주 귀국했다. 자비로 가족을 초청한 경우를 포함하면 그 수는 더 늘어난다.

사할린 잔류 일본인의 일시 귀국 혹은 영주 귀국은 기본적으로는 중국 잔류 일본인의 귀국에 대한 정책과 같은 범주에서 실시되고 있다. 중국 잔류 일본인 귀국 지원은 1980년대에 원호援護의 일환으로 추진되어왔는데, 사할린 잔류 일본인은 '중국 잔류 일본인 등'에 포함되어 그 처우도 중국 잔류 일본인의 그것에 준해 이루어졌다.

중국 잔류 일본인에 대해서는 1994년에 중국 잔류 일본인 귀국 촉진 자립지원법(중국귀국자자립지원법)이 제정됨으로써,[73] 이제까지 원호의 차원에서 행해지던 것이 법적 근거를 두고 귀국 촉진과 자립지원을 '국가의 책무'로 수행하게 되었다.[74] 그렇지만 이것이 곧 중국 귀국자가 보통의 일본인으로서 살아가게 된다는 것을 의미하는 것은 아니었다.

애당초 법률 제정 자체가 너무 늦었기 때문에 그들은 이미 고령의 세대가 되었고 노후 생활에 불안을 느끼고 있다. 귀국자를 돌봐준다는 조건으로 성인 자녀 1세대의 동반이 허용되었지만 이들 자식 세대의 취업, 주택, 취학 등 새로운 문제가 발생하고 있다. 이러한 문제의 해결은 생활보호에 의존할 수밖에 없던 잔류 고아에게도 절실했다. 잔류 고아나 귀국자 2세, 3세의 경우 언어나 생활상의 문제뿐만 아니라 일본인도

중국인도 아니라는 정체성의 갈등과 마주치지 않으면 안 되었다.

2000년대에 들어 각지에서 중국 귀국자의 처우 개선을 요구하는 움직임이 활발해졌다. 그리고 2002년 12월, 장기간 자신들을 방치하고 귀국 후에도 보통의 일본인으로서 살아가기 위해 필요한 시책을 실시해오지 않았다고 하여 잔류 고아가 국가를 상대로 제소했다.[75] 이 같은 일련의 소송은 대부분 원고의 패소로 끝났지만, 일본 정부는 지원책을 확충하겠다는 의지를 표명했다. 2007년에 중국귀국자지원법이 개정되어 잔류 고아가 생활보호 대상이 되지 않더라도 이에 준하는 금액을 수령할 수 있도록 하는 등 '새로운 지원책'이 시행되었다.

한편 사할린 잔류 일본인의 귀국 지원은 민간의 주도로 시행되어왔다는 점에서 중국 잔류 일본인에 대한 것과는 큰 차이를 보인다. 1989년 말에 결성된 일본사할린동포교류협회가 사할린 잔류 일본인의 귀국 지원 창구가 됨으로써 이들의 일시 귀국이나 영주 귀국이 실현되었다. 도움을 준 것은 국가가 아니었던 것이다.[76] 사할린 잔류 일본인의 일시 귀국, 영주 귀국은 오랫동안 사무국장으로 일본사할린동포교류협회를 이끌어온 오가와 요이치 등 임원과 귀국자 본인들의 헌신적인 노력에 의해 가능했다.

일본과 한국의 귀국 정책 현황

그런데 일본에서 공적 기관에 의한 귀국자의 정착, 자립 지원은 어떻게 시행되었던 것일까.

일본에 정착하게 된 중국 및 사할린 귀국자에게 긴요한 일은 무엇보다도 일본어 습득과 생활 안정이었다. 중국 귀국자가 지역사회에 정착하고 일본 사회에 적응하도록 지원하기 위해 기초적인 일본어 및 생활 습관 등의 연수를 집중적으로 실시하는 시설로 일본 정부가 사이타마 현 도코로자와 시에 중국귀국자정착촉진센터를 개소한 것은 1984년의 일이다. 귀국자는 여기에서 6개월간(2004년까지는 4개월간) 입소하여 연수를 받음과 동시에 취적 등 각종 수속을 마치게 된다.

귀국자가 초기에 입소하는 정착촉진시설을 1차 센터라고 일컫는다. 가장 많았을 때는 6곳이었던 1차 센터는 마지막으로 남아 있던 도코로자와 중국귀국자촉진센터가 2016년 3월 말일부로 폐소됨으로써 모두 사라졌다. 귀국자는 연수를 끝내면 연고가 있는 도도부현都道府縣에 정착하는데, 신원 미판명자의 경우 각지에 나뉘어서 자치단체의 협력을 얻어 정착을 도모한다. 각 지역에 정착한 귀국자는 다시 8개월간 해당 지역의 2차 센터인 중국귀국자자립연수센터에서 일본어 교육과 취업 상담, 생활 지도를 받게 되는데, 마지막까지 운영되던 도쿄와 오사카의 중국귀국자자립센터 역시 2013년 3월로 폐소되었다.

그러나 언어 습득과 숙달이 가능한 시기를 지난 귀국자가 일상생활을 무리 없이 할 수 있기 위해서는 지속적인 일본어 학습이 필요하고, 지역사회로부터 고립되기 쉬운 귀국자에게 발생하는 다양한 문제를 해결하기 위해서도 생활 상담이나 취업 지원 등이 불가결하다. 지역 정착 후에 귀국자에 대한 교류 및 지원 서비스를 제공하는 3차 센터가 중국귀국자지원 교류센터이다.

2000년 이후에는 귀국자 수가 차츰 감소하고, 1세의 고령화 대책이나 2세 및 3세의 교육 및 취업 문제가 주된 과제로 부상했다. 이에 따라 귀국자에 대한 지원 역시 그 중심축이 귀국 및 정착에서부터 경제적 자립 및 노후 생활 안정으로 이동하여 3차 센터인 중국귀국자지원교류센터가 중심 역할을 담당하게 되었다.

3차 센터는 전국 7개 지구에서 운영되고 있다. 홋카이도는 귀국자가 특별히 많이 정착한 장소는 아니지만, 중국 귀국자와 더불어 사할린 귀국자가 많다는 것이 특징이다. 이 같은 사정도 있고 해서 홋카이도중국귀국자지원교류센터에는 중국 귀국자와 사할린 귀국자를 대상으로 한 일본어 수업이 각각 개설되어 있다. 중국 귀국자나 사할린 귀국자들의 2세, 3세가 사회나 학교에 적응하는 데 많은 문제가 있다는 것을 무시할 수 없지만, 지역에 밀착된 지원 제도가 정비되어 있다는 점은 평가받을 만하다.

　그렇다면 한국의 경우 사할린 영주 귀국자에 대한 지원은 어떻게 전개되어왔을까. 한국에서 사할린 잔류 조선인의 영주 귀국이 본격화된 것은 2000년이 되어서부터다. 1980년대에 들어서자 1959년에 결성된 가라후토귀환재일한국인회나 일본 시민의 헌신적인 노력에 의해 일시 귀국이 가까스로 실현되었다. 1989년에는 한일 적십자사의 공동 사업으로 '재사할린한국인지원공동사업체'가 발족하여 본격적인 모국 방문이 실시되었다.

　사할린 잔류 조선인의 영주 귀국 문제에 대해서는 1993년 김영삼 전 대통령과 호소카와 모리히로細川護熙 전 수상에 의한 한일정상회담에서 문제 해결을 위해 적극적으로 대응한다는 것이 합의되었다. 이에 따라 양국은 주택 및 요양 시설 건설에 필요한 토지를 한국 정부가 제공하고, 건설 비용 및 정착 지원금을 일본 정부가 제공하기로 합의했다. 1995년 일본에서 제공된 약 32억 엔의 자금으로 서울 근교의 안산시에 500세대분의 아파트가 건설되었다. '고향마을'로 불리는 '사할린 아파트'가 완성되어 입주가 시작된 것은 합의로부터 5년 이상 지난 2000년 2월이었다.

이리하여 65세 이상 816명, 408세대가 영주 귀국하여 이미 귀환한 151명, 81세대와 더불어 '사할린 아파트'에 입주했다. 이들 귀국자들은 매월 45만 원의 보조금으로 생활하고 있다. 2007년에는 전국의 각 자치단체들이 사할린 잔류자를 받아들이기로 하여 2000년 이후 대규모 영주 귀국이 실현됨으로써 대상자 대부분이 영주 귀국했다고 한다. 그러나 원칙상 영주 귀국이 허용된 것은 법률적으로 대한민국의 국적을 가진 것으로 간주되는 '해방 이전 출생의 1세'로 한정되어 이 조치는 새로운 가족 이산을 낳는 등 다양한 문제를 드러내고 있다.

　이 문제에 대한 대응책의 하나로 귀국자들 사이에서는 '역방문'이라 불리는, 대략 2년에 한 번씩 귀국자가 사할린으로 일시 방문할 수 있도록 지원하는 일본 적십자사의 협력 사업이 운영되고 있다. 그러나 한국의 경우 영주 귀국자에 대한 법률이 존재하지 않아 주거 제공 외에 영주 귀국자를 위한 체계적인 지원은 시행되지 않고 있다.

　사할린 잔류 조선인에 대해 영주 귀국 대상을 확대하고 정착을 지원하기 위해 몇 차례 특별법의 입법이 추진되었지만 정계와 여론의 무관심 속에서 모두 폐기되었다. 다만 2014년 2월 충청남도가 사할린 귀국자를 지원하는 조례를 제정하여 자치단체 차원이기는 하지만 한국어 교육 및 통역·번역 서비스를 제공하고 문화체육 사업이나 가족재회 사업을 지원하는 길이 열렸다.

또한 한국에서는 2000년대에 들어와 '일제강점하 강제동원피해 진상 규명에 관한 특별법'(2004. 3. 5.) 및 '일제강점하 반민족행위 진상 규명에 관한 특별법'(2004. 3. 22.)이 제정되어 식민지 지배의 '과거 청산'의 단서가 열렸다. 이를 받아들여 2006년에는 전전에 사할린에 강제동원된 사람들에 대한 국가 차원의 조사가 개시되어, 강제동원된 사실이 인정되면 2000만 원의 보조금이 지급되었다. 사할린의 경우 모집이나 징용에 의해 현지에 동원되었다가 강제로 잔류하게 되어 귀환하지 못한 채 1990년 이전에 사망한 사람들도 피해자에 포함되었다.

이처럼 일본과 한국이 '자국민'의 영주 귀국 사업을 전개하고는 있지만, 귀국 지원 제도는 각각 독자적으로 추진되고 있고, 게다가 동반 가능한 가족의 조건도 서로 다르다. 전후 사할린에 남겨진 일본인 및 조선인이 '조국'으로 귀환하는 것이 현실적 문제가 된 상황에서 이 같은 차이는 결국 일본인과 조선인이 혼합된 가족들을 새로운 이산으로 내몰고 있다는 것을 의미한다.

중층화 · 복합화된 가족 관계의 실태에 부합하지 않게 국가에 귀속하는 형태로 일본과 한국의 영주 귀국 지원 제도가 전개된 것이 새로운 문제를 야기하고 있다고 할 것이다. 이러한 상황에서 이들 가족들은 일본과 한국의 귀국 정책 및 지원 제도에 희생당하기보다는 오히려 스스로 전략적으로 각각의 귀국 제도를 활용하면서 트랜스내셔널한 생활 공간을 창조하고 있다.

일·한·러의 트랜스내셔널한 생활 공간의 창조

사할린 잔류 일본인 여성의 경우 일본제국이 팽창하는 과정에서 '노무자 성격의 일본인'(가족의 일원)으로서 '이주형 식민지'인 가라후토로 진출했지만, 전후에는 소련 지배하의 사할린에서 생활하도록 강요받았다. 귀환을 단념한 일본인 여성과 아이들은 대개 부부나 양자 혹은 의붓자식이라는 형태로 조선인 커뮤니티에 편입되어 중층화·복합화된 가족 관계가 되었고 다중적인 정체성을 형성하게 되었다. 이 같은 다층적인 '에스닉 아이덴티티'는 일본과 한국의 사할린 귀국자 정책의 차이로 인해 '본국 귀국자'로 이주하거나 새로운 사회 환경에 적응할 수밖에 없게 하고 있다.

이처럼 외부로 내팽개쳐질(=계급) 수밖에 없었던 식민지 지배국(=민족)의 여성(=젠더)인 사할린 귀국자의 트랜스내셔널한 아이덴티티를 "민족·계급·젠더의 상호 관계성"(도쿄외국어대학 김부자)이라는 관점에서 바라보면 사할린 잔류 '일본인' 여성을 짓누르고 있는 '계속되는 식민지주의'가 부각된다. 귀국자로서의 생활 속에서 식민지주의가 해소되기보다는 오히려 차별이나 억압이 포개어짐으로써 심화되는 많은 문제를 내포하고 있다.

즉 사할린 잔류 '일본인' 여성과 그 가족은 은폐되어온 식민지주의의 폭력과 구조에 대하여 '귀국'이라는 실천을 통해서 동아시아의 포스트콜로니얼의 상황을 드러내고 있는 것이다. 그것은 불가항력으로 '계속되는 식민지주의'에 대항하는 한편 오늘의 국민국가 체제에 대해서도 이의를 제기하고 있다. 만주나 사할린에서 '본국 귀국자'로서 일본에 돌아온 '이민'들은 패전 직전의 극도의 혼란과 전후의 국제관계에 농락당한 이들로서, 무엇이 자신과 같은 존재를 발생시켰으며 왜 오랫동안 자신들이 방치되었는지에 대해 일본 사회에 반문하고 있다.

국민국가 체제에 이의를 제기하는 것은 오로지 자신의 존재를 증명하기 위한 정체성의 정치학에 그치지 않는다. 이들은 국비 귀국 제도를 이용하고 있다. 하지만 이 제도의 결과들은 전면적으로 국가에 환원되지 않고 있다. 이들은 트랜스내셔널한 실천을 통해 '국가의 바깥으로 나가고' 있다.

물론 여기에서 조선계 러시아인으로서 살아온 젊은 세대가 여태껏 거의 의식조차 하지 않던 일본인 선조를 따라 '귀국'하여 새로운 정체성을 찾기 위해 일본 사회 속에서 고군

홋카이도중국귀국자지원교류센터 주최의 교류 파티(현무암 촬영)

분투해야만 하는 현실 또한 무시할 수 없다. '조선계 러시아
인의 일본 사회로의 통합'이라는 중층적인 정체성이 안착할
곳은 현재로서는 미확정인 상태 그대로다.

　사할린 귀국자 각각이 살아가는 모습은 서로 차이가 있고
다양하지만, 영토 문제나 역사 문제로 인한 대립과 갈등이 표
면화하고 있는 동아시아의 위기를 뛰어넘는 데도 이들 귀국
자의 목소리에 귀를 기울이는 일은 긍정적인 작용을 할 것이
라고 생각한다. 이러한 다중적인 아이덴티티를 상징하는 에

피소드를 소개하는 것으로 이 책을 마무리하자 한다.

홋카이도중국귀국자지원교류센터는 매년 사할린 귀국자를 위한 교류 파티를 열고 있다. 가족을 포함한 많은 사람이 참가하는 것이 상례다. 교류 파티가 있을 때마다 어떤 귀국자가 자랑스럽게 하모니카의 음색을 들려주는데, 조선 민요 〈아리랑〉도 연주 곡목 중 하나다. 참가자들이 〈아리랑〉의 반주에 맞춰 노래를 부르거나 연단에 올라가 춤을 추는 광경을 늘 볼 수 있다. 〈아리랑〉 멜로디에 반응하는 사할린 귀국자들의 몸은 일본과 한국·조선이 서로 뒤얽힌 상황을 말해주고 있다.

이 장면을 통해서도 한·일의 경계를 넘나드는 다중적인 아이덴티티의 주체로서 '본국 귀국자'의 의미가 한층 명확해질 것이다. 전후 사할린에서 이루어진 한·일의 다층적·다언어적 가족의 생활 공간을 고찰함으로써 부각되는 사할린 귀국자의 트랜스내셔널한 아이덴티티를 통해서, 역사 문제로 대립하는 한일관계를 풀어낼 실마리를 얻을 수 있을지도 모른다.

(이 글은 현무암,《'반일'과 '혐한'의 동시대사 : 내셔널리즘의 경계를 넘어》의 제6장 〈사할린에서 교차하는 일한의 '잔류자'들 : 일·한·러의 다층적 공간을 살다〉와 일부 중복됨)

1　'본국 귀국자'라는 개념에 대해서는 蘭信三編,《中国残留日本人という経験－〈満州〉と日本を問い続けて》(勉誠出版, 2009)을 참조할 것.

2　天野尚樹,〈解題Ⅰ 千島・樺太の国境・植民・戦争〉(サヴェーリエヴァ, エレーナ, 小川内道子訳, サハリン・樺太史研究会監修,《日本領樺太・千島からソ連領サハリン州へ－一九四五～一九四七年》, 成文社, 2015), 137쪽.

3　위의 책, 139쪽.

4　田村将人,〈先住民の島・サハリン－樺太アイヌの日露戦争への対処〉(原暉之編,《日露戦争とサハリン島》, 北海道大学出版会, 2011).

5　原暉之,〈日露戦争期サハリン島研究の概観と課題〉, 위의 책, 3쪽.

6　天野尚樹,〈見捨てられた島での戦争－境界の人間 / 人間の境界〉, 위의 책, 56쪽.

7　塩出浩之,〈日本領樺太の形成－属領統治と移民社会〉, 위의 책. 223쪽.

8　위와 같음.

9   樺太終戦史刊行会編,《樺太終戦史》(全国樺太連盟, 1973), 15쪽.

10 塩出浩之, 앞의 책, 223~224쪽.

11 樺太終戦史刊行会編, 앞의 책, 62쪽.

12 塩出浩之, 앞의 책, 224쪽.

13 天野尚樹, 앞의 책, 143쪽.

14 中山大将,《亜寒帯植民地樺太の移民社会の形成 – 周辺的ナショナ
    ル・アイデンティティと植民地イデオロギー》(京都大学学術出版会,
    2014).

15 三木理史,《移住型植民地樺太の形成》(塙書房, 2012), 87~89쪽.

16 天野尚樹, 앞의 책, 144쪽.

17 三木理史, 앞의 책, 92쪽.

18 天野尚樹, 앞의 책, 144~145쪽.

19 樺太終戦史刊行会編, 앞의 책, 6쪽.

20 天野尚樹, 앞의 책, 143쪽.

21 위의 책, 145쪽.

22 樺太終戦史刊行会編, 앞의 책, 88쪽.

23 위의 책, 145~146쪽.

24 三木理史, 앞의 책, 267쪽.

25 위의 책, 271~272쪽.

26 中山大将,〈サハリン残留日本人 – 樺太・サハリンからみる東アジ
    アの国民帝国と国民国家そして家族〉(蘭信三編,《帝国以後の人の移
    動》, 勉誠出版, 2013), 744쪽.

27 三木理史, 앞의 책, 338쪽.

28 위의 책, 358쪽.

29 위의 책, 350쪽.

30 中山大将, 앞의 책, 2014, 65쪽의 표 〈가라후토에서의 민족 구성의 추이〉에서 작성.

31 今西一, 〈樺太・サハリンの朝鮮人〉(今西一編, 《北東アジアのコリアン・ディアスポラ》, 小樽商科大学出版会, 2012), 37쪽.

32 李炳律, 《サハリンに生きた朝鮮人 – ディアスポラ・私の回想記》 (北海道新聞社, 2008).

33 片山通夫, 《追跡! あるサハリン残留朝鮮人の生涯》(凱風社, 2010), 44쪽.

34 三木理史, 앞의 책, 354~355쪽.

35 樺太終戦史刊行会編, 앞의 책, 199쪽.

36 위의 책, 173~174쪽.

37 위의 책, 187쪽.

38 サヴェーリエヴァ, 앞의 책, 10쪽.

39 樺太終戦史刊行会編, 앞의 책, 265쪽.

40 위의 책, 12쪽.

41 天野尚樹, 앞의 책, 147~148쪽.

42 木村由美, 《《脱出》という引揚げの方法-樺太から北海道へ》, 《北海道・東北史研究》9号(北海道・東北史研究会, 2013), 5쪽.

43 片山通夫, 앞의 책. 정태식의 아버지 정호윤은 1944년 8월 근무하고 있던 미쓰이 광업 니시사쿠탄西柵丹 탄광이 정세의 급속한 전환에 의해 폐쇄되자, 함께 일하던 장남 성태와 더불어 규슈 탄광으로 전환배치되었다. 일본이 패전하자 정성태는 고향인 대구로 향했지만 정호윤은 가족을 찾아 홋카이도에서 밀항하여 사할린으로 돌아갔다. 정씨 일가는 전후 사할린과 대구에서 이산하여 살게 된다.

44　サヴェーリエヴァ, 앞의 책, 13쪽.

45　위의 책, 31쪽.

46　위의 책, 38쪽.

47　위의 책, 106~113쪽.

48　위의 책, 71~77쪽.

49　위의 책, 64쪽.

50　위의 책, 68쪽.

51　위의 책, 101~105쪽.

52　위의 책, 104쪽.

53　위의 책, 105쪽.

54　Repatriation of Korean from Sakhalin (G-3 Repatriation),
Jan. 1946-June 1949, GHQ Record G3 GⅢ-00104(国会図書館
憲政資料室所蔵).

55　Din Yulia, "Dream of returning to the homeland : Korean
in Karafuto and Sakhalin", Paichadze S. and Phillip S.(eds.),
Voices from the Shifting Russo-Japanese Border: *Returnees
from Sakhalin*(Routledge, 2015), 176~180쪽.

56　玄武岩, 《コリアン・ネットワークーメディア・移動の歴史と空間》
(北海道大学出版会, 2013), 132쪽.

57　Din Yulia, 앞의 책.

58　1942년 11월 1일 도조 내각은 척무성을 폐지하고 대동아성을 신
설했다. 전황의 추이에 따라 정부는 남방 지역의 이른바 '대동아
공영권' 건설에 힘을 기울이기 위해 외지 행정의 집약, 간소화를
도모하는데, 가라후토의 경우 내무성 소관으로 옮기고, 가라후토
청도 한 개의 지방청이 되어 이듬해 1943년 4월 1일 내지에 편입

된다. 樺太終戦史刊行会編, 앞의 책, 62쪽.

59 天野尚樹, 〈個別的愛国主義の帝国 – 戦後ソ連のサハリン朝鮮人統
    治 1945～1949年〉(今西一編, 앞의 책), 137쪽.

60 李炳律, 앞의 책, 111쪽.

61 天野尚樹, 앞의 책, 138쪽.

62 クージン, アナトーリー・T(岡奈津子・田中水絵訳), 《沿海州・サハ
    リン 近い昔の話 – 翻弄された朝鮮人の歴史》(凱風社, 1998), 261쪽.

63 ディン, ユリア, 〈アイデンティティを求めて – サハリン朝鮮人の戦
    後 1945～1989年〉(今西一編, 앞의 책), 149쪽.

64 〈報告書 ソ連国籍を取得して組織的に朝鮮民主主義人民共和国へ帰
    国した南サハリン在住者及朝鮮民主主義人民共和国の住民の人数
    について〉1956年9月1日, 内務省サハリン州警察署長プレトニョ
    フ大佐よりサハリン州執行委員会委員長クジクL.I.あて, 〈サハリ
    ン州執行委員会の書信交換〉Ф. 53, Оп.7, д. 181.(サハリン州立歴
    史史料館所蔵).

65 ディン, ユリア, 앞의 책, 158～159쪽.

66 朴亨柱(民涛社編集), 《サハリンからのレポート – 棄てられた朝鮮人
    の歴史と証言》(御茶の水書房, 1990), 63쪽.

67 ディン, ユリア, 앞의 책, 156～159쪽.

68 鈴木裕子, 〈内鮮結婚〉(大日方純夫編, 《日本家族史論集13 民族・戦
    争と家族》, 吉川弘文館, 2003), 166～176쪽.

69 中山大将, 앞의 책, 751쪽.

70 吉武輝子, 《置き去り – サハリン残留日本女性たちの六〇年》(海竜社,
    2005).

71 玄武岩, 앞의 책, 134쪽.

72 위의 책, 134~136쪽.

73 이 법률의 정식 명칭은 〈중국 잔류 본국인 등의 원활한 귀국 촉
    진 및 영주 귀국 후의 자립 지원에 관한 법률〉이다.

74 井出孫六,《中国残留邦人 : 置き去られた六十余年》(岩波新書, 2008),
    165쪽.

75 위의 책, 168쪽.

76 小川峡一編,《樺太(サハリン)・シベリアに生きる − 戦後60年の証
    言》(社会評論社, 2005).

'타자'와의 만남 속에서
탄생한 책

함박눈이 내리던 2014년 1월 어느 날 입장도 국적도 다른 우리는 사할린 잔류자의 모습을 담은 씨앗을 하나 심었다. 이 책을 만들기 위한 프로젝트의 계기가 된, 사진 촬영을 담당한 고토 하루키의 사진전에서 일어난 일이다.

고토는 스무 살 무렵부터 수시로 사할린을 방문하여 가끔씩 장기 체재하면서 일본, 한국, 러시아의 틈새에서 살아가는 사할린 사람들을 카메라에 담아왔다. 그의 작품에 찍힌 평범한 모습의 주인공들에 대한 따뜻한 시선과 유연한 감성은 매우 빛났다. 그 속에는 이 책에 등장하는 도마리의 이시이 요시 씨, 유즈노사할린스크의 가네카와 요시코 씨, 홀름스크에서 영주 귀국한 가와세 요네코 씨의 모습도 있었다.

왼쪽에서부터 현무암, 고토 하루키, 가와세 요네코, 파이차제 스베틀라나. '사할린 토크'에서

　사할린을 촬영한 고토의 두 번째 사진전 〈봄이 오기 전에 : 가라후토·사할린 2013 겨울〉은 2013년 11월 도쿄에 이어 이듬해 1월 삿포로에서도 개최되었다. 사진전의 상징이 된 것이 가네카와 요시코 씨다. 벚꽃을 배경으로 한 사할린 재주 조선인 여성의 사진을 본 순간, 우리는 말로는 전달할 수 없는 그 어떤 것을 느낄 수 있었다.

　사진전 기간 중 고토는 우리 두 사람과 함께 나중에 '사할린 토크'라는 이벤트를 개최했다. 가와세 요네코 씨도 토크 이벤트에 초대했다. '사할린 토크'에 참석한 청중들은 가와세 씨의 이야기에 귀를 기울이면서 고토의 사진에 담겨진 생각을 마음속에 새겼다. 가와세 씨는 10년 전 고토가 처음으로 사할린을 방문할 때부터 따뜻한 마음으로 지켜보며 안내를 해준 분이었다. 그 뒤 가와세 씨는 영주 귀국하여 삿포로에 정착하게 되는데, 우리 두 사람도 삿포로에서 그녀를 알게 되었다. 그리고 이 토크에서 '이야기'와 '이미지'를 엮어 사할린 잔류자들을 그려보자고 세 사람의 의기가 투합했다. 이리하여 이 책의 기획이 시작되었다.

그전부터 우리는 각각 '사할린 잔류자'에게 관심을 가지고 각자의 길을 걸어왔다. 필자가 처음으로 사할린 귀국자를 만난 것은 1996년이었다. 통역 아르바이트를 하던 곳에서 어떤 사할린 조선인으로부터 "사실 나는 어머니와 함께 귀국했어요. 어머니는 일본인이에요"라는 이야기를 듣고서 지금까지도 사할린에 일본인 잔류자가 있다는 사실에 놀라움을 금치 못했다. 그즈음부터 삿포로의 러시아인 커뮤니티에는 사할린 귀국자가 늘어났다. 일본으로 '귀국'한 사람들 대부분은 조선식 성과 러시아식 이름을 가지고 있었고 보통은 러시아어로 이야기를 하고 있었다.

필자는 2001년에 발족한 '러시아학교'와 2008년에 설립된 자원봉사단체 카사의 활동, 시립 삿포로오도리고등학교에서의 활동 등을 통해서 귀국자 3세, 4세와 만났다. 이들 젊은 이 혹은 아이들과 접하게 되면서 귀국자의 생활 상황이나 언어, 아이덴티티, 교육 문제 등에 대해서도 직접적으로 관계를 맺어나가게 되었다. 사할린 귀국자에 대한 이해가 차츰 심화되어가자 이를 일본 사회에도 전하고 싶다는 강한 동기를 품게 되었다.

이러한 동기로 재외 러시아인을 연구하던 필자는 2011년부터 〈홋카이도 다문화 공생에서의 사할린 귀국자의 역할〉이라는 연구 프로젝트를 개시했다. 이 프로젝트 속에서 이 책의 공저자이기도 한 현무암 선생과 사할린 잔류 '일본인'을 테마로 한 공동 연구를 추진하게 되었다. 현무암 선생은 한일 관계 및 재외 한인 연구자로서 사할린 잔류 조선인의 역사와 현재에 대해 연구를 수행해왔다. 사할린 현지 답사를 한 경험도 있었다.

사할린 귀국자 문제는 식민지사나 한일관계라는 관점에서의 연구로서도 중요하다. 사할린 귀국자가 만들어내는 일·한·러의 다층적 공간은 이들의 세 겹의 아이덴티티에 대한 이해 없이는 그려낼 수 없다. 일본에 있는 재외 한인 및 재외 러시아인에 대한 연구가 합쳐짐으로써 이들의 존재를 이해하는 것이 가능해졌다. 이로부터 한국, 일본, 러시아에서 세 종류의 언어를 이용한 인터뷰 조사가 시작되었다.

그런데 인터뷰에 사용된 언어는 이 책에 등장하는 사람들이 거주하는 나라 혹은 지역과 꼭 일치하는 것은 아니었다. 기본적으로는 상대방이 사용하는 언어를 선택했고, 나중에 우리가 일본어 혹은 각자의 모어로 확인하면서 질문했다. 러시아어만 사용한 것이 아니라 조선인에게 일본어로, 일본인에게 한국어로 인터뷰를 진행한 경우도 드물지 않았다.

이처럼 조사를 진행하는 과정에서 두 사람은 고토 하루키를 만나게 된 것인데, 이때부터 세 사람은 홋카이도를 거점으로 하여 한국의 안산과 인천, 사할린의 유즈노사할린스크, 코르사코프, 멀리는 도마리까지 찾아가서 인터뷰와 사진 촬영 및 취재를 했다. 그렇지만 귀국자와 그 가족은 러시아, 일본, 한국 세 나라에 걸쳐 생활하고 있었기 때문에 한 가족을 한 곳에서 만나는 것으로 인터뷰가 끝나는 상황은 아니었다.

일본과 한국, 그리고 러시아에서 만났던 사람들을 공항이나 항구에서 조우하는 경우도 가끔 있었다. 하코다테에서 인터뷰를 했던 단나카 아키코 씨를 왓카나이에서 코르사코프로 향하는 페리에서 우연히 만나기도 했다. 배로 다섯 시간의 여행을 하는 동안 담소를 나누었고 식사를 하거나 TV를 보면서 함께 시간을 보냈다. 때마침 사할린에서 열린 가족 모임에 초청을 받아 융숭한 손님 대접을 받기도 했다.

이처럼 이 책을 집필하기까지 이르는 과정은 귀국자의 집을 방문하여 인터뷰를 하고 촬영하는 것으로 끝나지 않았다.

아이들의 생일잔치나 손주의 합격 파티, 여름의 바비큐, 병원 문병 등 희로애락이 교차하는 일상생활을 함께하며 귀국자들과 사귀는 과정 속에서 이 책은 만들어졌다.

자식이 먼 곳에 살고 있는 귀국자들은 곁에 부모님이 없는 우리 세 사람을 가족처럼 맞이해 주었다. 텃밭에서 기른 수확물을 수시로 전해주는 스고 젠이치 씨, 직접 담근 김치와 러시아식 채소절임을 나눠주는 가와세 요네코 씨, 일본사할린협회 등에서 활동하느라 바쁜 와중에도 항상 만나서 이야기를 해주는 스다 유리코 씨.

또한 필자와 마찬가지로 일본 사회에서 아이들을 기르고 있는 다케나카 집안과 가가야 집안의 여성들, 그리고 러시아 학교와 삿포로오오도리고등학교에 다니는 그녀들의 아이들, 같은 고민과 즐거움을 함께 나누면서 이들과의 관계가 깊어졌다.

한국에서 만난 김병수 씨, 신보배 씨, 사할린에 있는 가네카와 요시코 씨, 이시이 요시 씨. 이들은 첫 대면이었을 우리를 따뜻하게 맞이해주었다. 일시 귀국할 때마다 삿포로에서 만나고 있는 엔도 기젠 씨는 코르사코프의 거리를 안내해주었다. 사할린에 살고 있는 사람들과는 언제 재회할 수 있을지 모르는 채 오늘도 전화로 연락을 취하고 있다.

우리는 귀국자 분들과 서로 끈끈한 마음으로 이어져 있다고 느끼고 있다. 이 같은 관계나 마음이 없다면 이 책은 세상에 나오기 힘들었을 것이다. 이 지면을 빌려 귀국자 여러분들, 특히 인터뷰를 해주신 분들에게 가슴 속 깊은 감사를 드린다.

이 책을 집필하기까지 조사, 연구, 결과 발표 등을 포함해서 긴 시간이 필요했고, 책이 완성되기까지 많은 분들이 협력을 해주었다.

이 책은 필자가 연구 대표자를 맡고 있는 2011~2013년도 일본 문부성 과학연구비보조금 기반연구 〈홋카이도 다문화 공생에서의 사할린 귀국자의 역할〉의 일환으로 출발할 수 있었다. 그 뒤 홋카이도대학 대학원 미디어·커뮤니케이션 연구원의 2014년도 공동 연구 보조금에 의한 공동 연구 〈삿포로, 사할린, 안산 : 사할린 귀국자의 일, 러, 한의 트랜스내셔널한 아이덴티티〉로 이어졌다. 이 두 연구 프로젝트의 후원을 통해서 국내외의 조사에 나설 수 있었다.

그 성과 가운데의 하나가 Mooam Hyun and Svetlana Paichadze, "Multi-layered Identities of Returnees in their 'Historical Homeland' : returnees from Sakhalin", Svetlana Paichadze and Philip A. Seaton(eds.), *Voices from the Shifting Russo-Japanese Border*(Routledge,

2015)다.

현지 조사를 진행할 때 일본 국내는 물론 한국, 러시아의 자원봉사 단체와 NGO에 계신 분들에게 자료 수집 등에서 많은 도움을 얻었다. 특히 NPO법인 일본사할린협회의 사이토 히로미 회장, 사할린일본인협회의 시로하타 마사요시 씨와 스다 에카트리나 씨, 홋카이도중국귀국자지원교류센터의 고고 요이치로 씨, 한국의 KIN(Korea International Network)의 이은영 씨, 사할린 주 역사 사료관의 딘 유리아 씨, 공동 연구자인 교토대학 지역연구연합정보센터 조교 나카야마 다이쇼 씨에게 감사한다. 이 책을 출판하는 데 홋카이도대학 대학원 미디어·커뮤니케이션 연구원의 공동 연구 보조금(출판조성)의 교부를 받았다. 이 출판 프로젝트의 회원들에게도 도움을 받았다. 〈일본과 한국의 귀국 아동 학생의 교육 문제〉에 관한 연구회에서 제프 게이만 선생에게 조언을 얻을 수 있었고, 우사미 신키치 선생에게서는 이 책의 내용에 대한 중요한 조언을 들을 수 있었다. 마음 깊이 감사한다. 홋카이도대학 대학원생인 가토 야스코 씨의 소개가 없었다면 우리 세 사람은 만나지 못했을 것이다.

그리고 개인적으로는 사할린과 한국 조사에 동행해준 두 딸 알바레스 사샤와 아샤에게 고마움을 전한다. 조사 과정에 자신의 눈으로 보고 귀로 들은 것들을 긴 인생 속에서 잊지 않았으면 하는 바람이다.

이처럼 이 책을 집필하는 여러 단계에서 훌륭한 동료들과 함께 작업에 뛰어들어 성과를 낼 수 있었다. 이 책의 독자들 중 그 누군가가 동료로 함께해준다면 큰 행운이겠다.

2016년 3월
파이차제 스베틀라나

역자는 지난 3월 처음으로 사할린을 방문했다. 오스트레일리아 국립대학을 은퇴한 후 아이누를 비롯한 홋카이도 및 사할린 선주민에 대한 연구를 진행 중인 테사 모리사-스즈키 선생과 이 책의 공저자인 파이차제 스베틀라나 선생과 함께였다. 번역을 진행하면서 아무래도 현지 방문이 필요할 듯하여, 사할린 현지 조사를 준비 중이던 두 분의 답사 여행에 참여한 것이었다.

사할린에서 우리는 사할린우리말방송국, 새고려신문사, 사할린일본인협회, 사할린주역사박물관 등을 방문하여 사할린 잔류 한인 및 일본인들을 면담했고, 지역 한국어 언론사와 인터뷰를 진행했다. 만나는 사람에 따라서 한국어, 일본어, 영어 등 다양한 언어를 사용하게 되었는데, 스베틀라나 선생의 러시아어 통역에는 일본어가 쓰였다. 이 책이 한국어로 번역 된다는 소식이 새고려신문에 기사로 실렸고, 우리말방송국과 진행한 인터뷰는 유튜브 채널에 소개되었다. 일본어를 잘 모르는 몇몇 사할린 한인들은 한국어판을 빨리 읽을 수 있기를 바란다고 말했다.

역자가 이 책을 접한 것은 2016년 12월 홋카이도 대학에서 열린 한 연구회에서였다. 역자의 박사논문과 관련이 있는 일본제국의 '외지外地' 방송국 중 하나였던 도요하라(유즈노사할린스크) 방송국 관련 자료를 찾기 위해 삿포로를 방문한 길에 사할린가라후토사연구회에서 개최한 월례발표회에 참가한 것이었다. 해방 전 사할린에 거주한 한인과 일본인에 관한 연구발표회였는데, 여기에서 스베틀라나 선생이 새로 나온 이 책을 소개하는 것을 듣고 흥미를 가지게 되었다. 이날 오후 바로 삿포로역 앞에 있는 기노구니야紀伊國屋 서점에서 책을 사서 읽기 시작했는데, 귀국하는 비행기 안에서도 책에서 손을 떼지 못할 정도로 벅찬 감동을 느꼈다. 귀국한 뒤 곧바로 현무암 선생과 연락을 취해서 이 책을 한국에 번역 소개하고 싶다는 뜻을 전했다.

이 책은 역자로서는 세 번째 번역서인 셈인데, 번역하는 과정에서 기존에는 전혀 경험하지 못한 색다른 체험을 했다. 책을 읽어나가다 감정이 복받쳐서 얼마간 책을 덮은 적이 여러 차례였다. 부모와 끝내 재회하지 못한 가족의 이야기를 읽으면서는 눈시울이 붉어져 곁에 있던 아내가 무슨 일이 있었느냐고 물어볼 정도였다. 대학원 수업 시간에 학생들과 함께 읽다가 한동안 말을 잇지 못할 때도 있었다.

한국이나 일본으로 영주 귀국한 1세대 사할린 잔류 한인들을 비롯해 한국어판을 기다리는 사람이 많다는 것을 알게 되면서 다소 부담을 느끼기도 했다. 그럼에도 학교와 학회 등에서 여러 가지 보직을 맡게 되면서 번역에 전념할 수 없는 상황에 놓여 번역과 출간이 늦어진 것에 대해서는, 저자는 물론 사할린 잔류 한인 여러분들에게 송구한 마음을 감출 수 없다. 다행히 몇 년 전《식민지 공공성 : 실체와 은유의 거리》라는 책을 통해 인연을 맺게 된 도서출판 책과함께에서 훌륭한 편집과 장정으로 책을 펴내게 되어 위안을 삼을 수 있게 되었다.

이 책의 번역에 이르게 되기에는 '20세기 동아시아에서의 인구 이동과 사회 통합' 연구 프로젝트에 해외 연구협력자로서 참여할 수 있게 해준 일본 조치上智 대학의 아라라기 신조蘭信三 선생님과의 인연이 큰 도움이 되었다. 국민대 대학원의 임일환, 장은애, 전재욱은 역자와 함께 이 책을 읽어나가면서 많은 도움을 주었고 한인 디아스포라에 대한 왕성한 지적 호기심을 보여주었다. 이 책의 저자들은 이토록 감동적인 책을 세상에 내보냈을 뿐만 아니라 러시아어 지명의 한국어 표기나 일본인 한자 이름을 읽는 방법 등 번역자가 할 일을 대신해 주었다. 또한 10년 가까이 인연을 맺고 있는 한림대 일본학연구소의 서정완 소장님을 비롯한 여러 선생님의 격려와 지원으로 책의 출판을 서두를 수 있었다.

한국어판 출간을 앞둔 상황에서 단기 어학연수를 온 국민대 학부생들과 함께 더블린에 한 달간 머무르게 되었는데, 역사적으로 비슷한 아픔을 겪었던 아일랜드야말로 이민과 디아스포라의 사회라는 것을 몸소 깨달으며 많은 것을 느낄 수 있었다. 특히 몇 해 전 엘레자베스 2세가 영국 국왕으로는 100년 만에 아일랜드를 국빈 방문하여 고통을 겪은 분들께 깊은 연민을 느낀다는 발언으로 사실상의 사과를 전하여 아일랜드 국민들로부터 크게 환영을 받았다는 사실을 전해 듣고서는 부러운 마음을 금할 수가 없었다.

역자가 방문했던 사할린의 유즈노사할린스크에는 일본의 지원으로 세워진 사할린한인문화회관이 있고, 한국 안산에는 한국의 토지 제공과 일본의 건축비 부담으로 만들어진 '고향마을'(사할린 귀국자 정착 아파트)이 있다. 사할린 잔류 한인 문제의 해결을 위해 두 정부가 머리를 맞댔던 이 같은 과거의 사례로부터 한일관계의 얽힌 실타래를 풀 수 있는 실마리를

찾을 수 있었으면 하고 간절히 희망해 본다. 그리고 이 책의
한국어판 출간이 여기에 조금이나마 기여할 수 있기를 바랄
따름이다.

2019년 여름

서재길

사할린 잔류자들
국가가 잊은 존재들의 삶의 기록

1판 1쇄 2019년 7월 31일

지은이 | 현무암, 파이차제 스베틀라나
옮긴이 | 서재길

펴낸이 | 류종필
편집 | 최형욱, 이정우
마케팅 | 김연일, 김유리
표지디자인 | 박미정
본문디자인 | 성인기획
교정교열 | 김미진

펴낸곳 | (주) 도서출판 책과함께
　　　　주소 (04022) 서울시 마포구 동교로 70 소와소빌딩 2층
　　　　전화 (02) 335-1982
　　　　팩스 (02) 335-1316
　　　　전자우편 prpub@hanmail.net
　　　　블로그 blog.naver.com/prpub
　　　　등록 2003년 4월 3일 제25100-2003-392호

ISBN 979-11-88990-40-5　　03910

이 도서의 국립중앙도서관 출판시도서목록(CIP)은
서지정보유통지원시스템 홈페이지(http://seoji.nl.go.kr)와
국가자료종합목록 구축시스템(http://kolis-net.nl.go.kr)에서 이용하실 수
있습니다. (CIP제어번호 : CIP2019027850)

* 이 저서는 2017년도 정부(교육부)의 재원으로 한국연구재단의 지원을 받아
한림대학교 일본학연구소가 수행하는 인문한국플러스지원사업의 일환으로
이루어진 연구임(2017S1A6A3A01079517).